부동산 경매로 1년 만에
꼬마빌딩주 되다

부동산 경매로

1년 만에

꼬마빌딩주 되다

김상준 지음

매일경제신문사

건물주는 태어날 때부터
정해져 있지 않다

건물주는 태어날 때부터 정해져 있는 게 아니다. 지금껏 두 권의 책을 발간했다. 이번에 발간하는 책에는 나의 새로운 도전과 투자에서 성공한 결과물을 고스란히 담아내고자 한다. 이번 책의 집필을 결심하게 된 계기는 이전에 밝힌 대로 내 삶이 결코 순탄하거나 평범하지 않았기 때문이다. 바닥을 찍은 최악의 상황을 경험했고, 신나게 상승곡선을 타 남이 부러워하는 경지에 오른 경험도 있다. 내 나이의 평범한 삶을 산 사람들과 비교해 롤러코스터 같은 굴곡 있는 삶을 살았다고 생각한다.

나의 어린 시절은 대단히 불행했다. 기초생활보장 수급자 신분으로 반지하에서 친할머니와 함께 지내왔다. 십수 년 전의 이야기지만 평범한 삶을 살아온 이들은 상상조차 하기 어려운 경험을 했다. 바퀴벌레, 쥐, 거미 등을 매일 접하며 살았다. 화장실이 밖에 있는 탓에 겨울에는 수도가 항상 얼어붙었고, 여름에는 각종 악취가 끊이지 않았다. 지금과 비교하기 어렵지만 당시에도 그런 삶을 사는 이들은 많지 않았다.

참으로 열악한 주거 환경 속에서 살았던 것 같다. 영화 〈기생충〉의 꽤나 충격적인 장면으로 기억되는 반지하 방 옆을 지나가는 취객들이 노상 방뇨를 하면 창문으로 오물이 튀는 일을 현실에서 자주 겪어야 했다. 지금 생각하면 끔찍한 기억으로 남아 있다. 초등학교 때는 갈아입을 옷이 없어 늘 똑같은 옷을 입고 다닌다는 이유로 친구들과 어울리지 못했다. 철없는 생각이지만 사춘기 시절에는 부모님이 원망스러웠고 가난이 너무 힘들어서 매일 집에서 울었던 아픈 기억이 있다.

어릴 적 너무 아픈 기억이 있어 '내가 꼭 성공해서 세상에 보란 듯이 잘 살고 말겠다'라며 거듭 다짐했다. 우선 돈을 벌어야 했기 때문에 신문 배달, 공사장 막일까지 안 해본 일이 없었다. 안 해본 일이 없이 고생스러운 유년기와 청년기를 보내며 남다른 자아의식이 싹텄다. 점차 목표의식이 뚜렷해지고 정신력도 강해졌다. 그래서 내가 일하지 않아도 돈이 들어올 수 있는 시스템을 만들고, 그걸 사업화하는 방법을 찾아내기로 마음먹었다. 우선 내가 할 수 있는 현실적인 방법을 찾아 실행하기로 했다.

나는 태어났을 때부터 물려받을 재산이 없었다. 누구처럼 회사를 물려받는다는 것은 꿈에도 생각해보지 못했다. 부자가 되겠다고 마음먹고 재테크와 사업을 준비하기로 했다. 재테크를 위해 안전하고 현물자산이 될 수 있는 부동산을 공부했다. 돈이 없어 일반매매에 접

근할 수 없는 상황이었기에 대출 레버리지를 최대한 활용할 수 있는 부동산 경매를 시작했다.

또한, 사업 준비를 위해 나에게 필요한 것을 배우기로 했다. 그래서 배운 것을 기점으로 남과 달리 생각하고 행동한 결과, 직장생활을 시작해 입사 5개월 만에 억대 연봉을 기록하는 기적 같은 성과를 올렸다. 그 자본은 내게 종잣돈이 되어 부동산 경매를 할 수 있게 했다. 그 후 지금까지 지속해서 경매에 참여하여 차분히 부를 축적했다. 부동산 경매를 통해 꼬마빌딩에 투자하여 현재는 100억 원 이상의 자산을 만들었다. 또한, 법인회사를 경영하며 50명 이상의 직원을 거느리고 있다.

30대의 자수성가 기업 대표라는 나의 꿈을 실현했고, 작은 종잣돈으로 시작한 꼬마빌딩 부동산 경매를 통해 차분히 자본을 만들어 회사를 경영하게 되었다. 나의 노하우를 공유하면서 절망 속에서 살고 있을지 모를 젊은이들에게 "건물주는 태어날 때부터 정해져 있는 것이 아니다"라는 말을 해주고 싶다. 그들에게 노력으로 얻을 수 있는 노하우를 전달하고자 한다. 그중 재테크의 하나로 지속적인 수익을 내는 꼬마빌딩 부동산 경매를 통해 무조건 이기는 투자를 시작하는 방법을 이 책에서 소개하고자 한다.

이 책이 부자가 되기를 희망하며 역경을 이겨내고 있는 젊은이들에게 꿈과 희망을 안겨주길 바란다. 그들이 이 책을 읽고 도움을 받아 건물의 주인이 되길 바란다. 남과 다른 생각으로 도전하고 실천하면 부자가 될 수 있다는 확신을 안겨주고 싶다. 이 책을 읽는 모든 이가 성공 드라마의 주인공이 되길 바란다. 아울러 출간을 위해 도움 주신 많은 분들께 감사드린다.

열심히 사는데 왜
내 인생은 바뀌지 않는 것일까?

가난한 게 내 잘못인가? 아무리 열심히 살아도 삶은 쉽게 변하지 않는다. 열심히 사는데 나는 왜 늘 똑같을까? 생각하는 분들이 많다. 그건 정해진 틀 안에서만 움직이기 때문이다. 틀을 벗어나지 못하니까 발전이 없는 것이다. 새로운 것을 얻으려면 내가 가지고 있는 무언가를 과감하게 포기해야 한다. 즉, 본인의 노동과 시간이 투여되거나 혹은 금전적인 부분을 포기해야 한다. 지금 가진 것을 움켜쥐고 새로운 것을 얻으려는 것은 무리다.

해보지도 않고 시간과 노동을 투자하기 싫어서 현재 가지고 있는 금전적 이익을 선택한다면 오히려 장래의 손실로 연결될 수 있다. 예를 들어, 부동산 경매 투자를 하려면 물건분석에서 낙찰 후 임대 및 매도까지 전 과정을 배우기 위해 시간을 투자하여 공부해야 한다. 노력하는 만큼 새로운 것을 배우게 된다. 하지만 이런 모든 것들을 귀찮게 여기고 시간이 없다는 핑계로 미루기만 한다면 경매 투자를 통한 재테크는 할 수 없다.

별도의 시간을 내서 공부하지 않고, 경매 컨설팅 업체에 의뢰하여 투자하기도 한다. 이렇게 되면 자기 스스로가 모르니까 지속해서 컨설팅을 의뢰하고 찾게 된다. 본인의 선택이 아닌 타인의 선택으로 손해 보는 일도 생긴다. 다이어트를 예로 들면 좋아하는 음식을 줄이고, TV를 보며 시간을 허비하는 일을 포기해야 성공할 확률이 높아진다. 그런데 실천은 어려울 것이다. 머리로는 실천을 다짐하면서도 행동이 안 바뀌니까 그렇다. 포기하는 시간과 노력을 투자라고 생각해야 한다.

무언가 새롭게 얻기 위해서는 재미없는 시간과 노동을 투입해야 한다. 내가 가지고 있는 시간을 효율적으로 써야 그걸 얻을 수 있다. 내가 가진 시간을 포기하지 못하는 이유도 빈익빈 부익부 법칙에 있다. 부자가 더욱 부자가 되고 가난한 사람은 더욱 가난해지는 이유다. 경제적으로 여유롭지 못한 사람은 노동으로 벌어들이는 수익이 전부다. 즉, 본인이 아프기라도 하면 노동으로 벌어들이는 수입은 없어지게 되고 결국 빚을 지게 된다. 또한, 하루하루 정해진 일과에 지쳐 내일, 내달, 내년의 계획을 세울 수가 없다. 어쩌다 시간이 나더라도 그간의 노동을 보상하려 잠을 자거나 게임을 하면서 시간을 보낸다.

그렇게 1~2년이 지나다 보면 조금씩 저축해놓은 종잣돈은 물가 상승을 따라가지 못해 계속 빚을 지게 되고, 그 빚을 갚으면서 살아갈 수밖에 없는 상황을 되풀이한다. 조금 더 현실적인 이야기를 해보자. 일반적인 서울권 아파트를 구매하기 위해 월 소득 300만 원인 일반 서민이 최저 생활비 100만 원만 빼고 한 푼도 쓰지 않고 숨만 쉬고 200만 원을 저축한다고 가정해보자. 그래도 25년 이상 세월을 견뎌야 서울권 아파트 구매가 가능하고 25년 동안 연봉이 오르면 더 빨라질 수 있겠지만 현실은 반대일 수밖에 없다. 병원비·부양가족·자동차·의식주 등 들어가는 돈이 많기 때문에 25년이 아니라 35년이 걸리도록 혹은 죽을 때까지 못 살 수도 있는 게 지금의 서울권 아파트다. 이런 현실을 빨리 인정하고 받아들이는 사람만이 현재 정해진 가난의 매트릭스를 깰 수 있다. 마냥 같은 생각으로 하루하루를 살아가면 바뀌는 것은 없다. 가난의 굴레에서 절대 벗어날 수 없다. 가난 탈출을 가능하게 하는 것이 두 가지인데 첫째는 투자, 둘째는 사업, 즉 비즈니스다.

첫째, 투자의 시작은 거창한 것이 아니라 위에 언급했던 것처럼 스스로 기회를 바꿀 수 있는 시간을 활용하여 새로운 경제 지식을 쌓는 것이다. 경매 투자를 공부하면서 최대한 아끼고 절약하여 작은 종잣돈으로 소액부동산에 투자하고 단타 매도 및 임대수익을 세팅하여 1년에 2건만으로 본인의 재산을 최소 3배 이상 키우는 것이다.

둘째, 사업을 조금씩 준비하면서 커뮤니티 채널을 키워 서비스 모델 판매를 시작해야 한다. 예를 들어, 카페, 블로그, 유튜브, 스마트스토어 등이 될 수 있고 지속적으로 수입 출처를 변화시켜 나가다 보면 어느 순간 자동으로 수입이 발생하는 구조가 생기게 된다. 본인의 노동만으로 수입을 얻었던 일상을 벗어나, 하고 싶은 일을 하면서도 자동적으로 수입이 나올 수 있는 구조로 변화되는 것이다.

　반지하 방에 사는 흙수저 중에 지독한 흙수저였던 내가 여기까지
올라올 수 있었던 것은 현실적인 투자 덕이었다. 투자에 눈 뜨지 않
았다면 지금의 성취는 불가능한 일이었을 것이다. 그래서 이 책을 통
해 현실적인 내용을 공개하며 노동 없이도 수입 출처에 변화를 주는
방법을 소개하고자 한다.

차례

PART 01

노예에서 벗어날 수 있는 투자 마인드, 부자를 배우자

PART 02

왕초보도 마스터할 수 있는 실전 경매 권리분석

소액의 종잣돈을 작은 회사에 취직시켜라

종잣돈 5억 원 모아
꼬마빌딩 건물주 되기 스타트 공식

꼬마빌딩 투자전략,
직접 실행해야 성공이 보인다

실전을 통해 얻은 꼬마빌딩 투자 노하우

꼬마빌딩 구매 후 법과 제도까지 관리하기

디벨로퍼 과정, 꼬마빌딩을 직접 건축해보자

PART

01

노예에서 벗어날 수 있는 투자 마인드, 부자에게 배우자

가난에서 탈출하는
현실적인 방법

　대부분 사람은 돈의 노예이자 월급의 노예로 살고 있다. 노예가 될 수밖에 없는 이유는 "직장 밖은 정글이다. 위험하다. 직장을 버리는 것은 어리석은 행동이다!"라는 프레임에 자신을 가두었기 때문이다. 그래서 자본주의 기본 개념인 돈에 대해 알지 못하고 그냥 열심히만 살아온 이력이 노예로 살 수밖에 없는 이유가 되었다. 대개 직장인은 '내가 어떻게 일해야 회사에서 인정받고 연봉 100만 원이라도 더 받을 수 있을까?'만 생각하며 산다. 노동을 통해 얻는 1차 수입에 의존하며 살게 된다. 이 경우 부를 만들 수 있는 투자에 대해 더욱 노력을 기울여야 한다. 그러니 돈에 관한 공부를 통해 돈을 활용할 줄 알아야 한다.

　자본주의 세상에서는 돈이 경제적 자유를 만들어 준다. 이미 경제적 자유를 달성한 사람은 본인이 노동하지 않고 수입이 나올 수 있는 파이프라인을 가지고 있다. 그 반대인 사람은 '노동을 해야 돈을 벌지'라는 생각으로 열심히 일만 한다. 그렇게 되면 절대 경제적 자유를 만들 수 없다. 그 이유는 몸으로 할 수 있는 노동의 대가에는 한계가 있기 때문이다.

첫째, 본인에게 주어진 시간은 24시간이다. 그중 6시간의 수면을 제외하면 주어진 시간 전부를 일한다 해도 18시간밖에 되지 않는다. 본인이 벌 수 있는 수입이 한정될 수밖에 없다. 둘째, 나이가 들수록 활동능력을 잃게 마련이다. 인생의 절반은 노동하지 못하고 생활해야 하는 한계에 봉착하게 된다. 하지만 돈을 공부하고 자본의 원리를 활용할 줄 아는 사람은 이런 한계를 극복하게 된다. 본인의 자본으로 만든 시스템은 24시간 쉬지 않고 나대신 일을 한다. 나이가 들거나 지치거나 하지 않는다. 그러니 자본으로 만든 시스템을 구축해야 하며 돈에 관해 공부해야 한다.

돈이 나를 위해 일하는 구조를 만들기 위해서는 좋은 투자와 나쁜 투자를 구별할 줄 알아야 한다. 나쁜 투자는 '내가 아프면 어떻게 하지?', '노후에 수입이 없어지면 어떻게 해야 하지?' 등의 걱정을 하면서 연금이나 각종 종신보험 가입에 몰입하는 것이다. 이것은 내가 앞으로 나빠질 환경을 대비하여 투자하는 방식으로 가장 쉬운 투자라고 볼 수 있다. 만약 내 몸이 나빠지지 않는다면 투자한 돈은 소멸한다. 혹은 돈의 가치가 최소 30% 이상 하락한 상태에서 원금을 회수하기도 한다. 즉, 나의 환경이 나빠지지 않는다면 무조건 손해가 돌아올 수밖에 없다. 그렇게 되면 본인의 환경이 나빠져서 수익을 내더라도 돈을 버는 기술을 배우지 못했기 때문에 다시 그 돈은 신기루처럼 사라질 수 있다.

　반대로 부동산 투자나 주식 투자 등은 내가 앞으로 수익이 나올 것을 예상하고 투자하는 방식이다. 그 투자 방식으로 수익을 내면 지금껏 준비했던 돈 버는 기술을 몸으로 습득할 수 있고 배운 것을 더 큰 부로 만들 수 있는 기회를 가질 수 있다. 내가 앞으로 나빠지는 경우를 대비하여 투자할 것인가 혹은 앞으로 더 큰 부를 만들기 위해 투자할 것인가 이것은 본인의 선택에 달려 있다. 자본주의 세상에서는 돈도 일해야 한다. 나만 일하는 노동 수입에 의존하면 본인이 원하는 삶을 살 수 없다. 내가 일하지 않아도 돈이 들어오는 시스템을 만들어야 하며 수입의 출처를 다변화하는 데 노력해야 한다.

　현재 가지고 있는 돈이 어딘가에 묶여 있고 돈을 버는 구조에 투입되어 있지 않다면 화폐 가치의 하락 또는 인플레이션으로 인해 돈은 제대로 가치를 발휘할 수 없게 된다. 돈이 돈을 버는 구조를 만들어야 한다. 그렇지 않으면 돈은 아무런 가치가 없는 쓰레기로 전락한다. 그러니 나를 대신해 일할 수 있는 돈을 활용하며 여러 곳에서 수입이 나올 수 있는 출처를 빨리 만들어야 한다.

　현실이라는 달콤함에 취해 현재를 낭비하다 보면 집값은 무한정 오르고 인플레이션으로 인해 돈의 가치는 떨어지게 되어 뒤늦게 후회한다. '그때 부동산 사둘 걸', '옛날에 돈이 돈을 벌 수 있는 사업을 해볼 걸' 하며 한탄하게 된다. 안정적인 구조를 택한 본인 잘못을 탓하지 않고 열심히 투자 공부를 하고 불안정과 싸워온 자본가, 즉 돈이 돈을 벌 수 있는 구조를 만든 사람을 비판하게 된다. 알고 보면 투자는 기존의 편안함과 바꾼 결과물인데 겉모습만 보고 비판하는 것이다.

단, 투자도 사업도 아무런 정보 없이 무턱대고 진행하면 안정적인 부분을 추구하는 것보다 위험할 수 있다. 현재 고정적인 수입을 만들면서 철저한 부동산 경매 투자 공부를 통해 무조건 이기는 경매를 진행하고 향후 내가 일하지 않아도 돈이 들어오는 시스템을 만드는 데 집중해야 한다. 오늘 아무것도 하지 않으면 내일은 아무 일도 일어나지 않는다.

종잣돈으로
부동산을 구매하라

우리는 어렸을 때부터 "대출은 나쁜 것이다. 대출이 있으면 망한다. 대출은 빨리 갚는 것이다"라는 교육을 받으며 자라왔다. 우선 대출은 크게 두 가지 형태를 가지고 있다.

첫째 유형은 본인의 재산을 갉아먹는 대출, 즉 소비성 대출이다. 그 예로 자동차 대출이 될 수 있는데 차는 사자마자 감가상각이 진행된다. 재산의 가치가 떨어진다는 의미다. 이밖에 소비성 대출은 여행을 가고 싶거나 명품을 사고 싶거나 생활비를 충당하거나 하는 등의 소비를 위한 대출이다. 이런 대출은 나쁜 대출로 본인의 재산을 줄어들게 한다.

둘째 유형은 본인의 재산을 증액시켜 주는 대출이다. 그 예로 주택을 담보로 하는 대출이 있다. 수요와 공급을 통한 시세를 파악하고 시세보다 20~40% 이상 저렴하게 부동산을 취득하면 재산을 증식할 수 있는 안전한 대출이 된다. 대출을 받으면 이자는 임대료로 충당이 되고 원금 상환은 부동산 시세차익을 기준으로 갚을 수 있다. 이는 안전하고 고마운 대출이다.

한번 예를 들어 보겠다. B가 A에게 전화를 걸어 5,000만 원을 빌려달라고 가정해보자. 5,000만 원을 빌려주면 1년 뒤에 이자 5%를 더해서 바로 갚는다고 한다. A는 '금융권 이자가 1~2%이니까 5%면 괜찮겠다'라고 생각한다. 그리고 차용증을 쓰고 빌려주게 되는데 정확히 1년 뒤에 돈을 빌려 간 B는 돈을 갚게 되고 원금 5,000만 원과 이자 5%를 더해서 5,250만 원을 돌려준다. 비극적인 결과는 지금부터다.

1주일 뒤 친구 C로부터 "B에게 5,000만 원을 빌려주었냐?"는 전화가 오고 B가 자신에게 빌린 돈으로 부동산 경매에 투자해서 1억 원을 벌었다는 이야기를 전해 듣는다. 이 이야기를 들은 A는 술을 아무리 마셔도 밤에 잠이 안 온다. '이놈이 내 돈을 가지고 1억 원이나 벌었으면서 나한테는 고작 5% 이자 250만 원밖에 안 줬구나'라는 서운한 마음이 생긴다. 고민 끝에 친구 B에게 전화 걸어서 돈을 더 달라고 해보고 윽박질러보기도 하지만 소용없는 짓이다. A는 친구도 잃고 멘탈도 잃게 된다.

하지만 개인 간의 돈 거래가 아닌 은행과의 거래라면 사정은 다르다. 내가 얼마를 빌려서 얼마를 벌었든 간에 친절하게 이야기를 해주니 이처럼 고마운 대출은 없다. 여기서 부정적인 사람이 의문을 갖는다. '대출 많이 받아서 부동산 가격이 내려가면 어떻게 할까? 망하는 건 아닐까? 원금도 빨리 갚아야 하는 거 아닌가?' 이런 의문을 품는 것이다. 혹여 잘못될 수 있다는 불안감에 대출을 포기한다. 대출 없이 자신의 자본만으로 부동산 투자를 하는 사람은 거의 없다. 그러니 이런 의문을 품는 자체가 잘못되었다.

부동산 투자에 실패하는 것은 부동산 가격이 내려가 원금 상환을 할 수 없거나 혹은 대출이자 부담이 너무 커서가 아닌 물건을 시세보다 비싸게 매입했거나 가격이 오르지 않을 부동산을 고가로 매입했기 때문이다. 이런 불상사를 막기 위해 대출받기 전에 모의투자를 하면서 지속해서 시뮬레이션을 가동하고 물건의 가치를 판단할 수 있는 시야를 넓혀야 한다. 그 후 80% 이상 수익을 만들 수 있다고 판단되면 그때 실전 투자를 진행하면 된다. 또한, 첫 투자는 종잣돈으로 최대한 리스크를 감당할 수 있는 한도 내에서 투자하며 이자는 임대료에 상계처리될 수 있도록 세팅해야 한다.

이후 부동산 경매로 안전 이윤을 확보한 차익을 단기 매도를 통해 수익을 실현하면 된다. 그리고서 시세차익 높은 부동산으로 갈아타면서 투자를 이어가면 된다. 만약 아무런 준비 없이 호가로 부동산을 취득하면 대출은 무서운 존재로 돌아서며 가지고 있는 모든 것을 빼앗아 갈 수도 있다. 이렇게 얘기하면 부정적인 시각을 갖는 이들이 있다. '망할 수도 있지 않느냐'고 단정 짓는 이들도 있다. 이런 부류는 시도조차 하지 않고 최악의 시나리오만 가정한다. 또한 이들은 주변인들에게 자신의 부정적인 기운을 전파하기 좋아한다.

사람들이 안 사니까 부동산 경매로 나왔고 가치가 없을 것이다. 경매 투자의 본질은 현재 시세보다 저렴하게 부동산 구매를 할 수 있는

지 여부가 중요할 뿐 물건이 경매에 나오게 된 히스토리는 절대 중요하지 않다. 중요한 것은 수익이 나올 수 있는지 투자할 물건을 볼 수 있는 시야와 안목을 기르는 것이다. 투자할 지역을 선정하고 향후 공급량과 수요량을 체크하여 현 시세보다 20~50% 이상 부동산을 저렴하게 구매할 수 있는 경매 투자를 지속해서 공부하고 모의 입찰을 해보는 게 중요하다.

열심히 돈을 모아 대출을 갚고 다시 열심히 돈을 모아 투자를 하면 많은 시간이 소요되고 기간이 늦어질수록 경제적 자유를 획득하기 어려워진다. 부자들은 화폐 가치의 하락을 이해한다. 그래서 대출을 자유롭게 사용하며 1년 안에 본인의 재산을 최소 3배 이상씩 성장시켜 나간다. 대출이자는 임차인이 내고 대출원금은 다음 매수자가 갚아준다는 사실을 경험을 통해 잘 알고 있다. 거치 기간을 최대한 연장하면서 그렇게 모은 추가 종잣돈으로 더욱 수익이 높은 물건으로 갈아타기를 진행하면서 내가 일하지 않아도 돈이 들어오는 구조를 만들어야 한다.

부자가 되고 싶다면 실행 가능한
파이프라인을 생성하라

'월급만으로는 부자가 될 수 없다'는 사실을 너무 늦게 알게 되었다. '열심히 일하면 잘 살 수 있다'는 그 말이 거짓말이라는 것을 조금 더 일찍 알았더라면 좋았을 뻔했다. 우리는 '누군가 정해 놓은 틀에 들어가서 열심히 일하면 성공한다'라고 주입식 교육을 받으며 살았다. 부모님 세대에는 금리가 8~10% 육박하던 시절이라 저축만 잘하면 어느 정도 경제적 부를 이룰 수 있었다. 하지만 지금은 완전히 다른 세상에서 살고 있다. 사상 최초로 0% 실질금리를 기록하기도 했지만 소비자 물가는 매년 3%씩 올라가고 있다. 그냥 열심히만 살면 절대 경제적 자유를 달성할 수 없다. 즉, 생존에 위협을 받을 수 있다.

내가 일하지 않아도 돈을 벌 수 있는 파이프 공사를 해야 한다. 쉽게 예를 들어 말해 보겠다. 과거 어떤 시골 마을에 청년 A와 B가 살고 있었다. 이 청년들에게 약 10㎞가량 기름을 운반해주면 하루에 5

만 원씩 주겠다고 했다. 두 청년은 하루에 5만 원씩 받으면서 하루도 쉬지 않고 기름을 운반했고, 한 달에 각각 150만 원이라는 돈을 벌게 되었다. 그렇게 1년이 되자 무거운 기름통을 오래 나른 탓에 어깨는 휘었고, 매일 10㎞씩 약 4시간 동안 무거운 짐을 지고 이동하다 보니 발톱도 빠지고 허리 상태도 안 좋아졌다.

그래서 A는 기름을 쉽게 옮길 수 있도록 10㎞가 넘는 파이프 공사를 하게 되었다. 공사를 하면서 B에게 "너도 같이 도와서 파이프 공사를 같이하자"라고 이야기를 했더니 친구는 "나는 그냥 열심히 일해서 이번 달에도 150만 원을 벌어 멋진 옷이나 살래"라고 대답했다. B는 A를 도와주지 않고 계속해서 기름을 나르는 일을 했다. A는 파이프 공사 때문에 평상시만큼 일을 못해 2만 원을 벌 때도 있고 5,000원을 벌 때도 있었다. 심지어 한 푼도 벌지 못하는 날도 있었다. 하지만 점점 파이프 공사가 완성되어 가는 모습을 보며 희망을 품고 파이프 공사를 계속했다.

그렇게 1년이 지나자 A는 파이프 공사가 끝나고 힘든 노동을 하지 않아도 파이프를 이용해 기름을 손쉽고 빠르게 운반할 수 있게 되었다. 일하지 않아도 돈을 벌 수 있는 구조를 만들었다. 반면 B의 경우는 힘든 노동으로 인해 몸은 더욱 망가졌고 힘든 육체노동을 견디기 위해 매일 술을 마시는 등 소비적인 지출이 늘었다. 몸도 망가졌다. 이 이야기의 팩트는 내가 아닌 시스템이 나를 위해 일하게 하는 과정을 만들어야 한다는 것이다. 현재는 불편하고 힘들지만 가치 있는 투자를 통해 노동하지 않아도 수입이 만들어지도록 준비해야 한다.

순간의 편안함에 빠져 현실에 안주하는 인생을 살지 않으면 좋겠다. 지금의 스스로를 불편하게 해야 한다. 내 시간과 노력을 향후 가치투자에 배팅해야 한다. 파이프 공사를 하지 않고 현실에 만족하는 길을 선택한다면 절대 기회는 오지 않는다. 미래를 준비하는 것이 힘들고 불편해 그냥 가만히 있게 된다. 더욱 소름 돋는 것은 '아무 일도 안 하는 지금이 더욱 무섭다'라는 사실을 모르고 시간을 흘려보내는 것이다. 노동에만 의존한 삶을 살아갈지 아니면 내가 아닌 시스템이 돈을 벌게 만들지 오직 자신이 선택하고 실행해야 한다.

PART
02

왕초보도
마스터할 수 있는
실전 경매 권리분석

말소기준권리만 알면
경매 권리분석은 끝난다

말소기준권리의
종류

말소기준권리만 알아도 경매 권리분석은 끝이라는 사실을 강조하고 싶다. 여기서 말소기준권리란 부동산을 사려는 사람들이 많은 상태에서 가격을 가장 높게 부른 사람에게 물건을 팔려 할 때 혹은 금융권 대출금을 기한 날짜까지 갚을 수 없어 경매를 진행할 때의 권리를 말한다. 일반적 절차는 채권자가 법원에 신청을 하면 개시 결정을 내리고 배당 요구 종기 결정 및 공고를 통해 매각 준비, 매각 방법 등 지정 및 공고 그리고 통지를 한 이후 매각을 실시하게 된다. 매각 결정 절차 이후 대금을 납부하며 소유권이전등기를 촉탁해 부동산 인도명령이 나

말소기준권리

부동산 경매에서 부동산이 낙찰될 경우, 그 부동산에 존재하던 권리가 소멸하는가, 그렇지 않으면 그대로 남아 낙찰자에게 인수되는가를 가늠하는 기준이 되는 권리

오면 배당절차가 진행된다.

보통 경매를 집행하게 되면 그 부동산이 있는 지역의 지방법원이 관할하게 되며 이때 부동산이 여러 법원의 관할 구역에 존재할 때는 각 지방법원마다 관할권이 있으므로 이 부분은 주의해야 한다. 법원이 인정하고 필요하다고 하는 시기에는 사건을 다른 지방 법원으로 이송할 수 있다. 또한 경매는 집행하는 주체에 따라서 국가가 주체가

권리분석

법원 경매를 통해 경매 물건을 낙찰받기 전 낙찰자가 낙찰대금 이외에 추가로 인수해야 하는 권리가 있는지 여부를 확인하는 절차다. 인수되는 권리와 말소되는 권리를 구분해야 하며, 낙찰 후에도 소멸하지 않는 권리는 낙찰자에게 인수된다. 인수되는 권리는 다음과 같다. ① 최고 선순위의 담보물권보다 우선인 용익물권(지상권, 전세권, 지역권)과 환매권, 임차권, 가처분, 가등기, 가압류 등기 ② 경매개시결정 등기일보다 앞선 전세권, 지역권, 지상권, 임차권, 대항력과 확정일자를 갖춘 임차인, 가등기, 가처분 등기, 환매 등기

되는 공경매, 그리고 개인이 진행하는 사경매로 구분한다. 가장 기본적 경매 절차로 채권자들이 채무자로부터 받지 못한 본인의 채권을 돌려받으려는 목적으로 매각신청을 하면 입찰을 통해 채무자 물건을 매각한 이후 해당 대금으로 채권을 충당하는 법원의 경매를 공경매라 한다.

말소기준권리 종류로 근저당권 설정이 있는데 보통은 금융권 대출로 매입하는 부동산을 담보로 제공하는 경우가 많다. 근저당권은 개인 부동산이 담보됐을 때 은행에서 설정하는 권리를 뜻한다. 근저당권의 경우 채권최고액을 설정해 원금, 이자에 대한 부분을 담보로 한다. 근저당권 설정은 말소기준권리로 가장 보편적으로 쓰이는 개념이다. 가압류 등기는 예전에 차압이란 단어로 사용되기도 했는데 지금은 맞지 않은 표현이다. 그리고 가압류의 뜻은 채무자 소유이긴 하지만 처분하지 못하게 강제하는 것을 뜻한다. 갚지 못한 채무에 대

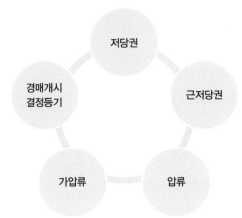

말소기준이 될 수 있는 권리

- 저당권
- 근저당권
- 압류
- 가압류
- 경매개시 결정등기

한 이행을 위하여 처분금지명령 효력을 발휘하는 것으로 보면 된다. 경매개시 결정은 채무불이행에 따라 담보된 물건에 대하여 이를 압류하며 경매개시일을 알리는 내용이고 등기관을 통해 기록된다.

담보가등기는 근저당권과도 비슷한데 채권담보를 목적으로 하고 있다. 채무자가 언제까지 빌려간 돈을 갚겠다고 했지만 이행하지 않을 때, 가등기를 통해 채권자가 가진 재산을 임의로 처분할 수 없게 한다. 이때 채무가 생긴 만큼 소유권을 보전하게 된다. 이것은 변칙담보이며 갑자기 부동산이 경매로 넘어간다고 해도 미리 가등기를 해두면 이에 대한 우선순위를 보전할 수 있다. 전세권 설정은 세입자가 계약을 하고 주거하는 기간에 대하여 전세보증금의 우선순위를 보전하는 방법이다. 중요한 포인트는 집합건물로 알려진 아파트나 단독주택이어서 건물 전체에 대한 전세권 설정이 되어 있다면 말소기준권리로 인정되지만 다가구, 다세대 건물 중 일부 세대만 전세권 설정이 되어 있는 상태라면 인정되지 않으므로 유의해야 한다.

말소 및 인수기준이 되는 권리를 말소기준이라 하고 해당 권리가 될 수 있는 것은 근저당권, 압류, 담보가등기, 가압류, 강제경매 개시 결정등기 등이며 상황에 따라 전세권까지 인정된다. 부동산은 용어와 다양한 상황에 대한 이해가 탄탄해야 공략할 수 있다. 작은 이익이라도 만족하며 직접 경험해본다는 생각을 하는 게 중요하다. 돈이 되는 물건이라고 해도 권리분석을 못하면 무조건 손해를 볼 수밖에 없다는 사실을 염두에 두어야 한다. 어려운 법적 용어가 많아 접근하기 쉽지 않지만, 원리와 구조만 잘 이해한다면 권리분석은 1분이면 끝난다. 절대 어렵지 않으니 지레 겁을 먹는 일은 없어야 한다.

말소기준권리를 찾는 방법

―

말소기준권리를 찾는 방법에 대해 알아보자. 말소기준권리에 해당하는 권리로는 저당권, 근저당권, 압류, 가압류, 담보가등기, 선순위 전세권, 경매개시 결정등기가 있다. 일곱 가지 권리 중 가장 먼저 채무자에게 돈을 빌려준 날짜가 말소기준권리가 된다. 말소기준권리를 찾으면 그 권리 기준으로 밑에 설정된 모든 권리는 소멸한다. 그 위로 설정된 권리는 특수물건으로 낙찰받아도 인수해야 한다. 즉, 물어 줘야 하는 비용이 발생할 수 있으니 주의해야 한다.

경매 나온 물건 중 80% 이상은 근저당이 말소기준권리가 된다. 그 이유는 대출을 받아 집을 구매하기 때문이다. 최초 권리는 근저당이 될 수 있다. 근저당에 대해 좀 더 자세히 알아보자. 근저당은 "채무자가 채무를 이행하지 않을 때를 대비하여 미리 특정 부동산을 담보물로 저당을 잡아 둔 채권자가 그 담보에 대하여 다른 채권자에 우선해서 변제받을 것을 목적으로 하는 권리"다.

가등기 필요성은 말소기준에 성립할 수 있다. 여기서 가등기란 "본등기에 대비하여 미리 그 순위 보전을 위해 하는 예비적 등기"를 말한다. 이 가등기가 행해진 이후 본등기가 이루어지면 본등기의 순위는 가등기의 순위로 소급된다. 하지만 금전적인 담보로 부동산의 권리를 설정한 경우만 해당하며 소유권 이전 청구 가등기, 즉 부동산을 취득할 목적을 설정한 권리는 말소기준이 성립하지 않으니 주의해야 한다. 가등기는 효과가 크지만 그에 비해 등록세가 적기 때문에 채권을 확보하려 할 때 많이 이용한다. 가등기는 말 그대로 본등기와 구분되는 거짓등기, 임시등기라는 점을 알아야 한다.

다시 말해, 말소기준에 부합하는 저당권, 근저당, 압류, 가압류 등을 찾아 먼저 돈을 빌려준 곳을 알아내면 그 밑으로 설정된 권리는 소멸한다. 그 위로 설정된 권리는 인수해야 한다. 특수물건, 즉 낙찰금 외에 추가로 부담해야 하는 물건의 경우 장기간 법적 싸움으로 이어질 수 있고 많은 리스크를 부담할 수 있다. 그러니 처음 경매를 진행할 때는 권리분석에 문제가 되지 않는 하자 없는 물건을 대상으로 접근해 수익을 올리면 된다.

권리분석은 절대 어렵지 않다. 제일 먼저 채무자에게 돈을 빌려준 권리, 즉 말소기준권리를 찾고 위로 설정된 권리가 있는지 검토하면 끝난다. 낙찰 이후 명도 또한 원만한 합의점을 찾아 협상해야 한다. '명도'란 '낙찰받은 물건에서 세입자나 채무자를 원만하게 이사시키거나 재계약을 유도하는 것'이다. 경매 낙찰자들이 자주 하는 질문은 "낙찰 이후 점유자는 언제 만날까?", "이사비를 줘야 할까?", "공과금은 누가 부담할까?", "주택파손은 어떻게 처리해야 할까?" 등이다.

경매 낙찰자의 현명한 재산권 행사

—

법적으로는 경매 낙찰자가 바로 재산권을 행사할 수 있지만, 거주자가 법적 권리를 무시한 채 이사하지 않고 버티거나 무리한 요구를 하는 일이 자주 발생한다. 법적으로 해결하려면 많은 시간이 소요되고 복잡한 절차를 거쳐야 한다. 그러니 법적 절차로 해결하기 전에 타협을 통해 원만하게 이사를 유도하는 것이 현명하다. 경매는 법적 절차이지만 모든 문제를 법적으로 해결하려고 들면 이익보다 손해가

클 수 있다. 그러니 설득을 통해 문제를 해결하려는 자세를 잃지 말아야 한다. 복잡한 이론보다는 내가 겪은 사례를 제시하는 것이 쉽게 이해를 유도할 것 같아 사례를 제시하고자 한다. 최근에 낙찰받은 물건이 2건 있다. 법원에서 경매를 통해 낙찰받으면 즉시 낙찰받은 물건지에 가봐야 한다.

첫 번째 사례는 낙찰받은 물건이 아파트였고 거주자가 채무자였다. 낙찰 후 아파트에 가서 만나보려 했는데 부재중이어서 명함을 두고 왔다. 이후 연락이 왔는데 "일이 잘 풀리지 않아 이렇게 경매까지 나가게 된 상황이다"라고 설명하더니 "이사할 수 있게 이사비용을 조금만 챙겨 달라"고 말했다.

채무자에게 이사비용을 지급하는 것은 낙찰자의 의무가 아니다. 그렇지만 배당금을 받을 게 없으니 최대한 빨리 집을 비우게 해야 한다. 집을 빨리 비운다는 조건으로 이사비용을 지급하는 것이 현명하다. 이사가 빠를수록 임대를 놓을 수 있는 시간이 단축되고, 매매도 신속하게 진행할 수 있어 투자자에게 오히려 유리하다. 실제로 거주자에게 50만 원이라는 최소의 이사비용을 지급했다. 그 결과 낙찰 후 1주일 만에 집을 비워줘서 빨리 세입자를 구할 수 있었다. 만약 50만 원이 아까워서 이를 지급하지 않고 시비를 따졌다면 양쪽 모두 시간을 허비하면서 손해를 보았을 것이다. 그러니 법적 의무사항은 아니라도 적당히 위로금을 지급하는 것이 해결책이다.

두 번째 사례는 빌라였다. 낙찰 후 즉시 세입자를 만나러 갔고 운이 좋게 바로 만날 수 있었다. 세입자는 전 집주인과 연락도 안 되어 답답했고, 경매절차 부분과 배당금 등을 궁금해했다. 그래서 배당기일의 최우선변제금 등 한도 범위를 설명하고 절차와 시간에 관해 설명해 주었다. 그리고 추가로 "현재 살면서 불편한 사항이 없으면 낙찰자인 저와 재계약을 해도 됩니다"라고 말하니 "그게 가능한 거냐?"라고 되물었다. 그는 경매에 낙찰되면 세입자는 무조건 이사를 해야 하는 줄 알았다고 했다. 그러면서 살 집을 다시 알아보아야 하고 이사비용이 들 것으로 생각해 고민하고 있었는데 재계약을 하자고 하니 정말 고맙다고 했다.

결국 그와 원만하게 재계약을 체결했다. 덕분에 적지 않은 비용을 절감하고 명도문제를 잘 처리할 수 있었다. 재계약이 성사되면 부동산 중개수수료, 법무비, 수리비, 명도비 등을 절약할 수 있게 되어 그만큼 수익을 만들 수 있다. 만나서 설명하고 설득하면 의외로 좋은 결과를 얻을 수 있다.

임차인에 대항력 갖는 권리분석
30초 안에 확인하는 방법

　권리분석을 상황에 맞게 하는 것이 중요한데 그중에서 임차인에 대항력을 갖는 권리분석 30초 안에 확인하는 방법을 알아야 더 효율적으로 접근이 가능하다. 권리분석을 하는 이유는 간단하게 파악하기 어려운 부동산 등기의 소유권 및 각종 권리관계의 결함을 발견하여 부동산과 관련된 사고를 미리 예방하기 위해서다. 소유권 이전과 함께 따라오는 임대보증금, 가압류 등 다른 사람들의 권리를 없애기 위해 낙찰자가 별도로 내야 하는 금액이 얼마인지를 분석하는 것으로 수익률 확보를 위해 반드시 필요하다. 쉽게 말해 부동산 낙찰을 받았을 때 낙찰금 외에 금액지출, 손해를 막기 위한 것이라고 생각하면 된다.

임차인 권리분석과 임차인의
권리행사 여부

<hr/>

경매 권리분석에서 말소기준권리를 찾아서 인수되는 권리가 없는 것을 확인했다면, 다음으로 임차인 권리분석을 해야 한다. 임차인 권리분석은 말소기준권리 날짜와 임차인의 전입일자를 비교해야 하는데, 임차인의 전입일자가 말소기준권리 날짜보다 빠르다면 대항력이 성립된다.

대항력이란 임차한 주택이 경매로 인해 소유자가 변경되더라도 계약한 임대차 기간 동안 계속 거주할 수 있고 그 기간이 종료되면 임차 보증금을 모두 돌려받을 수 있는 임차인의 권리를 말한다. 대항력 대항요건이 미충족될 경우 대항력이 성립될 수 없으므로 낙찰자가 보증금을 인수할 필요가 없다.

경매 권리분석으로 전입자의 대항력 여부만 확인한다고 경매 권리분석이 끝나는 것은 아니다. 임차인이 낙찰자를 대상으로 이 권리를 행사할지 또는 행사하지 않을지가 중요하다. 대항력이 있지만 배당요구를 하여 경매를 통해 배당을 받아서 나갈 임차인이라면 대항력이 있더라도 큰 문제가 없다. 하지만 대항력이 있는데 배당요구를 하지 않는 임차인이라면, 배당요구를 하지 않았기 때문에 경매를 통해 배당을 받지 않을 것이고, 임차인의 보증금은 낙찰자가 인수하게 되는 것이다.

그래서 선순위 대항력을 확인했다면 다음으로 확인해야 하는 것

말소기준권리 찾기

1월1일	3월1일	5월1일
가처분	근저당권	저당권

인수   말소

은 확정일자다. 확정일자로 우선변제권 여부와 배당순위를 알 수 있고 임차인이 배당요구를 했는지 안 했는지는 문건 송달내역에서 확인할 수 있다.

경매 권리분석 마지막 단계
최종 점검

—

경매 서류 및 기타 권리확인을 하려면 말소기준권리와 임차인 권리분석을 통해 인수되는 권리가 없다는 것을 확인하고, 경매 권리분석 마지막 단계인 경매 서류를 통해 최종 점검을 할 수 있다.

더 자세하게 말하자면, 첫 번째로 살펴야 할 것은 매각물건명세서다. 매각물건명세서는 법원이 매수하려는 자 등이 매각물건의 정보를 볼 수 있도록 그 명세를 기록하여 비치한 문서를 말한다. 부동산의 표시, 부동산의 점유자와 점유권원, 점유할 수 있는 기간, 임대료 또는 보증금에 관한 관계인의 진술 등 낙찰자가 인수해야 하는 권리를 표시하고 중요한 정보들을 요약하여 정리한 자료다.

두 번째로 살펴야 할 것은 현황조사서다. 법원이 지시한 집행관이 경매부동산에 찾아가서 실제로 누가 사는지, 몇 가구가 사는지, 소유자와의 관계가 어떤지 등 현재 상황과 점유관계를 확인하여 조사한 자료를 말한다. 임차인 권리분석에 있어서 중요한 자료이기에 꼼꼼히 찾아볼 필요가 있다.

세 번째 살펴야 할 것은 감정평가서다. 법원이 매각기일을 정하기 전에 감정평가사를 통해 진행할 경매물건에 대하여 평가를 요청하는데 감정평가사가 부동산의 시세와 위치 등을 감안하여 감정가를 제시하고 이를 통해 법원의 최저 매각가를 기록한 문서다. 감정평가액은 시세와 다소 차이가 있기 때문에 입찰예정자는 감정가액만 믿고 입찰하기보다는 전체적인 부동산 동향과 주변 시세 등을 감안하여 참가해야 한다.

여기까지 경매 권리분석 쉽게 하는 방법을 살펴봤는데 가장 중요한 부분은 "○○가 인수하는 권리가 있는지 없는지" 여부를 판단하는 것이다. 처음부터 겁먹지 말고 천천히 생각하면서 진행하면 권리분석 어렵지 않게 끝낼 수 있다.

법원에 제공되는
품질보증서를 체크해야 한다

    법원에 가기 전에 체크할 사항이 많은데, 그중에도 입찰 전 반드시 확인해야 하는 것은 매각 물건 명세서다. 경매 신청이 접수되어 사건이 진행되면 법원은 제일 먼저 물건에 대한 현황을 조사하여 매각물건명세서를 작성하게 된다. 법원이 매각물건명세서를 가장 먼저 작성하는 이유는 경매 응찰예정자에게 부동산에 대한 중요 정보를 정확하게 제공하기 위해서다. 즉, 매각물건명세서에는 부동산에 대한 중요 정보가 기재되어 있으므로 입찰자라면 입찰 전에 반드시 확인해봐야 한다.

    매각물건명세서는 매각기일 1주일 전까지 경매가 진행되는 법원에 비치하여 누구든 직접 열람할 수 있게 한다. 매각물건명세서에는 우선 경매사건의 사건번호를 제일 먼저 기재해야 한다. 최선순위설정은 말소기준권리를 의미하고 20○○. ○○. ○○에 설정된 '근저당권'이 말소기준권리임을 알 수 있다. '배당요구종기'는 경매가 진행되는 받을 돈이 있는 사람(채권자, 임차인 등)에게 "그 날짜까지 받을 돈이 있다고 신청하라"고 정해준 날짜다.

법원은 배당요구종기일을 정해놓고 그날까지만 배당요구의 신청을 받아준다. 배당요구종기일은 배당을 신청할 수 있는 마지막날을 의미한다. 이 날짜를 지나 배당요구를 했다면 배당에서 제외된다. 배당요구종기일인 20○○, ○○, ○○ 이전에 배당신청 여부를 확인하고 신청해야 한다. 점유자가 채무자(소유자)면 크게 신경 쓸 일은 없다. 하지만 점유자가 임차인이라면 반드시 '전입신고 일자'와 '배당요구 일자'를 주의 깊게 살펴보아야 한다.

등기된 부동산의 권리는 가처분 매각으로 그 효력이 소멸하지 않는다. 말소기준권리를 기준으로 낙찰 후 소멸하지 않고, 낙찰자에게 인수되는 권리가 있을 때 권리를 매각물건명세서에 기재해 놓는다. 즉, 말소되지 않고 인수되는 권리를 기재해 놓는 칸이기 때문에 입찰에 참여하기 전 반드시 체크해야 한다.

매각에 따라 설정된 것으로 보는 지상권의 개요는 '토지가 경매로 처분될 경우 토지 위에 매각에서 제외되는 건물'이 있다면 '법정지상권 성립 여지 있음'이라는 문구가 기재된다. 법정지상권이란 일정 요건을 갖추면 당사자의 설정 계약 없이도 법률의 규정에 따라 당연히 인정되는 지상권의 일종이다. 만약 낙찰받은 토지에 법정지상권이 성립된다면 낙찰자가 토지를 자신이 원하는 대로 활용하지 못할 수도 있다. 그러므로 토지만 낙찰받을 예정이라면 법정지상권의 성립 여부를 반드시 확인해보아야 한다.

특급비법,
가장 임차인 구별방법

가장 임차인이란?

    가장(허위) 임차인이란 부동산에 실제로 살고 있지 않지만, 주소지를 부동산에 전입신고를 한 거짓 임차인을 뜻한다. 소위 말하는 위장전입이다. 가장 임차인을 두는 사례는 여러 가지다. 자녀의 학교 배정을 위해 실거주하지 않으면서 주소지만 옮기기도 하고, 원하는 지역의 아파트 청약 1순위 당첨을 위해 주소지를 옮기는 사례도 있다. 이런 사례는 그나마 양호한 사례라 할 수 있다. 악의를 가지고 거짓 임대차계약까지 작성해 두는 사례도 종종 발견된다.

    경매가 진행되면 이에 대비하여 한 푼이라도 더 건져보겠다는 간절한 마음으로 소유자 겸 채무자는 임차보증금 또는 최우선변제금을 배당받기 위해 허위로 임차인을 세우는 경우가 있다. 주거용 부동산의 경매 물건 권리분석을 할 때 대항력이 있는 선순위 임차인의 유무가 경매 입찰의 주요한 요소가 되기 때문이다. 위와 같이 선순위 임차인이 있는 경매 물건에 대해 대부분의 사람들은 입찰을 포기한다. 하지만 이러한 가장 임차인을 허위로 들어간 임차인으로 구별하여 경매에 입찰한다면 상당한 금전적 이익을 얻을 수 있다.

가장 임차인의 유형은 경매 개시일 2~3개월 전부터 집중적으로 전입하는 게 일반적이다. 임차인과 집주인이 서로 가족 또는 친인척 관계일 때가 많다는 점도 특징이다. 보증금 액수를 최우선변제 범위 내에서 신고했다면 더욱 세심히 살펴볼 필요가 있다. 주장하는 보증금이 전입 당시 전세 시세와 큰 차이를 보이는 경우와 근저당권 금액과 보증금을 합한 금액이 부동산의 시세에 근접하거나 넘어서는 경우도 의심해볼 필요가 있다.

실제 거주하지 않으면서 거주하는 것처럼 주소를 이동시켜 놓는 상황도 있다. 대개 원하는 학교를 배정받을 목적이거나 지방공무원 등과 같이 지역 거주자만 응시자격을 부여받을 때 취업을 위해 주소를 옮기기도 한다. 이럴 때는 단순한 위장 전입이 아니라고 보아야 한다. 가짜 임대차 계약서까지 작성한 사례가 많다. 경매에 돌입하기 전에 소유자가 가장(허위) 임차인을 구해놓고 배당을 요청하는 사례는 흔하다. 임대차 계약서상의 비용만큼 경제적으로 이득을 볼 수 있고, 낙찰받은 당사자와 협의를 진행할 때 약간 더 유리한 쪽으로 협상을 진행할 수 있기 때문이다.

선순위 임차인을
가짜로 두었다면?

―

경매 물건을 낙찰받고자 할 때 반드시 확인해야 할 요소는 말소기준권리보다 우선 대항력이 있는 선순위 임차인을 가짜로 두었는지 여부다. 채무자는 최우선변제권을 노리고 그 금액만큼 선순위 임차인을 갖춰놓기도 한다.

이같이 가짜로 만들어 놓은 임차인이 배당요구를 해서 금액을 가져가는 일은 다반사다. 배당을 요구한 선순위 임차인은 권리가 상실되기 때문에 신경 쓸 일이 없다. 낙찰을 받은 사람이 신경 쓰고 주의해야 할 일은 배당요구를 하지 않은 임차인이 있는지 확인하는 일이다. 만약 선순위로 들어가 있는 임차인이 가장 임차인이라는 사실을 확인할 수 있다면, 선순위 임차인의 보증금을 인수하지 않아도 된다.

선순위 임차인의 보증금을 인수하지 않아도 된다면 그만큼 더 이익을 볼 수 있다. 가장 임차인을 생성해놓은 소유자는 임차인에게 있는 우선매수청구권을 나쁘게 이용하여 더 저렴하게 낙찰을 받아 가기도 한다. 그러니 가장 임차인을 구별하고 색출해내는 것은 경매 투자를 할 때 매우 중요하다. 원하는 가격에 낙찰을 받았더라도 이런 문제를 말끔히 해소하지 못하면 이익을 만들어내기가 어렵다. 이 같은 가장 임차인을 구별하는 방법에 대해 알기 쉽게 설명해보자.

가장 임차인을
구별하는 방법

—

첫째, 은행 보고서를 점검하는 방법이다. 은행은 근저당권자이기 때문에 최초에 근저당을 설정할 때 점검한 보고서가 있다. 은행은 돈을 빌려줄 때 선순위 임차인이 있는지 반드시 확인한다. 은행이 대출금을 상환하기 위해 꼭 필요한 순서이기 때문이다. 만약 보고서에 선순위 임차인에 관한 기록이 없다면, 이후 생성된 임차인은 허위나 가장 임차인일 확률이 굉장히 높다고 생각하면 된다.

둘째, 시세를 점검하는 것이다. 경매 물건 부동산의 주변 임대 시세를 점검하는 일은 당연하다. 최우선변제권을 가지려고 주변 시세와 엄청난 차이가 나는 금액으로 임대차계약이 체결되어 있다면 의심해보는 것이 좋겠다.

셋째, 관리비가 부과된 사람이 누구인지를 확인해보는 것이다. 전기, 가스, 수도 등 공과금 청구서에 기록된 사람과 계약서상의 임차인의 이름이 같은지 영수증을 점검해볼 필요가 있다. 서로 다르다면 가장 임차인 관계를 의심해봐야 한다.

넷째, 임차인이 미성년자이거나 혼자 살고 있다면 한 번쯤 의심을 해보아야 한다.

다섯째, 경매 날짜가 임박해서 전입신고를 했고, 확정일자를 받은 임차인이라면 허위나 가장 임차인일 확률이 높다.

여섯째, 부동산은 고가의 자산이므로 위험하거나 허술하게 계약을 진행하지 않는다. 만약 임대차계약을 부동산중개소를 거치지 않고, 당사자끼리 작성했다면 그것도 의심해볼 필요가 있다. 그것도 의심이 생긴다면 상세하게 살펴봐야 한다. 임차인이 이전에 살던 주소지를 찾아서 점검을 해보는 것도 좋은 방법 중 하나다.

PART

03

소액의 종잣돈을
작은 회사에
취직시켜라

썩다리 빌라의 가치를 상승시켜
돈을 벌어라

노후도가 심한 일명 썩다리 빌라를 보면 누구나 '저런 빌라를 왜 구매할까?' 하고 생각하게 된다. 그래서 외관만 평가하여 경매를 꺼리는 경우가 많다. 하지만 의외로 이런 물건이 적은 투자금으로 쏠쏠한 수익을 안겨줄 수 있어 눈여겨볼 필요가 있다. 경매 전문 유튜브 채널인 대장TV가 진행한 실전 경매교육에 참여한 후 첫 낙찰에 성공한 수강생의 경매과정과 이후 수익을 이끌고 간 이야기를 해볼까 한다.

선호도 낮은 지하 1층 전용면적 13평
2,700만 원에 낙찰

매각물건은 빌라로 층수는 선호도가 가장 낮은 지하 1층이었다. 전용면적 13평인 이 물건을 경매를 통해 낙찰받았다. 물건은 감정가

5,500만 원부터 시작했고, 낙찰자는 49%인 2,700만 원에 낙찰을 받았다. 이 빌라는 사용승인이 1994년으로 건축 후 27년이 지나 심각한 노후 상태였다. 물건은 낙찰자가 철

임장
부동산을 사고자 할 때 직접 해당 지역에 가서 탐방하는 것

저한 임장 활동과 호가 뒤에 숨겨진 급매가를 면밀히 조사하여 출구 전략까지 전부 구성 후 낙찰을 받았다. 해당 물건은 투자하기 꺼리는 조건을 전부 가지고 있었다. 물건의 층수는 지층이고 노후연도 27년 이상이 되어 매력이 없는 물건이다.

반면에 부동산 가치가 뛰어나고 누구나 선호하는 부동산에는 어떤 것이 있을까? 준공 5년 이하의 신축, 트리플 역세권, 숲세권, 3,000세대 이상 대단지, 더 나아가 창문을 열었는데 한강이 보이는 뷰까지 이런 부동산에 투자하고 싶은 것이 많은 투자자들의 로망이다. 물론 이런 우수한 조건을 가지고 있으면 누구나 선호하는 부동산이 된다. 하지만 이런 부동산을 매입하기 위해 지속해서 근로소득을 통해 열심히 투자할 돈을 모아야 할까? 그렇게 마음먹었다면 절대 단기간 내에 투자에 임할 수 없을 것이다. 그 이유는 내가 돈을 모으는 속도보다 부동산의 가치가 올라가는 속도가 빠르기 때문이다. 시간이 지나면 지날수록 부동산 투자는커녕 소비자 물가상승에 따른 적자만 보는 상황이 될 것이다.

결론적으로 현재 네가 가지고 있는 종잣돈 범위 안에서 소유할 수 있는 부동산과 남이 선호하지 않는 부동산의 시세를 정확하게 조사한 후 매입하여 가치를 부어하며 종잣돈 보유금액을 2~3배 더 빠르

실제로 멘티가 낙찰받은 물건 인테리어 후 내부 모습.

게 불리는 작업을 해야 한다. 그래야 다음 투자를 만들어갈 수 있고 다양한 경험과 실력을 쌓고 자본금을 불릴 수 있다.

이 물건 낙찰자의 법원 경매낙찰 과정에서 한 가지 비하인드 스토리가 있어 소개한다. 법원 집행관이 사건번호를 부르고 낙찰가를 이야기했는데 기절할 뻔한 이야기다. 분명 낙찰자는 응찰가 2,700만 원을 써서 법원에 제출했는데 낙찰금액이 2억 7,000만 원이라고 발표되었다. 금세 법원 경매장 전체는 웅성웅성하는 소리가 넘쳐났다. 낙찰자는 어리둥절했지만 자신의 이름이 불리는 것을 듣고 앞으로 나갔다. 나가는 1~2초 동안 낙찰자는 온갖 생각에 머리가 복잡했을 것이다.

최대한 기억을 더듬어 가면서 생각해봐도 분명히 2,700만 원으로 쓰고 다시 한 번 확인했을 텐데 이런 실수를 했다는 것 자체가 창피

했다. 울고 싶은 마음이었다. 하지만 다행히 앞에 나가서 영수증을 전달하는 법원 집행관이 낙찰가 2,700만 원을 2억 7,000만 원이라고 잘못 이야기했다고 밝혀 사태가 마무리되었다. 낙찰자는 실수로 자신이 응찰가를 2억 7,000만 원이라고 썼을 수도 있다고 생각했고, 피 같은 보증금 600만 원을 날리는 줄 알고 지레 놀랐던 해프닝이었다.

경매 초보자가
자주 하는 실수
—

경매 초보자가 법원에 방문하면 다양한 실수를 한다. 초보자가 자주 하는 실수를 세 가지로 정리하면 첫 번째 실수는 기일입찰표, 매수신청보증금 봉투, 전체적인 입찰 봉투 등에 도장을 찍고 사건번호를 기재해야 하는데 도장 찍는 것을 누락하거나 대충 추정해 임의로 처리하는 것이다. 이는 명백한 패찰 사유가 되기 때문에 주의해야 한다. 거액이 오가는 부동산 거래이므로 작은 실수로 큰 손해를 보지 않도록 특별히 주의해야 한다.

두 번째 실수는 매수신청보증금 봉투에 최저매각 가격의 10%인 입찰보증금을 넣고 경매 신청을 해야 하는데 실수로 보증금을 넣지 않고 경매 접수를 하는 경우다. 이 또한 입찰 보증금액을 돌려받고 경매에 참여할 수 없게 된다. 세 번째 실수는 입찰금액을 5,000만 원만 적어내야 하는데 너무 긴장하여 모르고 '0' 하나를 빼고 500

만 원으로 적는 경우다. 입찰하다가 집행관이 중간에 개찰하는 단상 앞으로 부르는 때가 있다. 그리고 응찰자에게 보증금을 돌려주고 실격처리하겠다고 선언한다. 그러면 패찰 처리가 진행된다. 또 반대로 5,000만 원을 적어야 하는데 5억 원을 적는 경우도 있다. 법원 경매의 최저 입찰가는 정해져 있지만, 최고 입찰가는 정해져 있지 않기 때문에 5억 원을 적은 응찰자를 최고가 매수인으로 선정해 낙찰 영수증을 발행한다.

그러면 5,000만 원짜리 부동산을 5억 원을 주고 샀으니 잔금을 어떻게 해야 할지 혹은 낙찰을 포기해야 할지 수많은 고민을 하게 된다. 당연히 낙찰 자격을 포기하고 최저가 3,000만 원의 10%인 보증금 300만 원을 물어내고 포기하면 된다. 이런 일은 법원 경매장에서 꽤 자주 일어난다. 그러니 항상 법원 경매장에서는 다시 한 번 확인하는 습관을 지녀야 한다.

낙찰 이후
집안 내부 검수 사례

—

본론으로 넘어와 낙찰자가 낙찰받고 집안 내부 검수를 한 이야기를 해보겠다. 집안 내부는 예상대로 굉장히 지저분했다. 당연히 벽지와 장판 전부를 교체 시공해야 했고, 싱크대 또한 교체하거나 필름지 작업을 해야 했다. 방은 총 2개였다. 다행히 화장실은 타일, 샤워기,

그때 쓰레기봉투가 있었고

Before

대장TV 김상준

화장실 인테리어 전후 모습 비교. 확실히 개선된 모습을 볼 수 있다.

거울 천장까지 새것으로 되어 있었다. 베란다는 최악이었다. 모든 페인트는 전부 벗겨져 있고 곳곳에 먼지가 쌓여 있을 뿐 아니라 곰팡이까지 곳곳에 피어 있어 전부 수리해야 했다.

역시 예상했던 것처럼 집안 컨디션은 상당히 좋지 않았다. 하지만 시세보다 저렴하게 낙찰되고 명도비용도 세이브되었으니 일부는 직접, 일부는 직영업체를 활용하여 인테리어를 진행했다. 낙찰자는 셀프 인테리어를 하면서 우선 회색으로 단색이었던 기존 현관문을 세련된 느낌으로 교체했다. 잠금장치는 디지털 도어록으로 모두 교체했다. 거기다 인조 잔디, 센서 등까지 꾸며서 지층의 취약한 치안 문제도 보완했다.

기존의 거실은 벽지와 장판이 모두 오염되어 있어 누가 봐도 최악의 조건이었는데 깨끗하게 새것으로 시공했다. 싱크대는 필름지

실제로 멘티가 낙찰받은 집의 베란다 인테리어 전후 모습 비교.

작업을 했다. 화장실은 욕실 수납장을 교체해서 더욱 깔끔한 느낌을 주었고 최악의 상태였던 베란다는 페인트 작업을 하고 조명등을 교체했다. 거기다 줄눈 시공까지 해서 더욱 깨끗하게 탈바꿈시켰다. 2,700만 원에 낙찰된 썩다리 지층 빌라에 280만 원을 들여 인테리어를 진행했다. 그러고는 5,000만 원에 전세를 놓았다.

투자금액은 3,000만 원 정도 지출된 것으로 보면 되고 5,000만 원에 전세를 맞추었다. 투자금액은 전부 회수되고 오히려 2,000만 원의 종잣돈이 불어나는 효과를 만들었다. 이런 작은 성공이 모여 큰 성공을 만들게 된다. 부동산 투자를 '그들만의 리그', '나와 먼 이야기'로 생각하지 말고 우선 자신이 가진 종잣돈 수준 안에서 소유할 수 있는 부동산을 찾아 자신의 돈으로 일할 수 있는 부동산을 소유해야 한다. 그게 첫걸음이다.

재개발 및 재건축 호재가 있는
빌라를 공략하라

대개 경매 초보자는 '노후 빌라 취득 후 재개발이 된다면 현금청산되는 것 아닌가?', '노후 빌라 낙찰 후 재개발되면 큰 손해를 볼 수 있기에 투자하면 안 되는 거 아닌가?'라는 의문점을 갖는다. 재개발 분양권 현금청산 기준에 대해 한 물건으로 예를 들어 보겠다. 서울특별시 강북구 번동에 있는 다세대 빌라가 경매에 나왔다. 층수는 2층이었고 전용면적은 10평이며 토지와 건물을 일괄적으로 매각하는 물건이었다. 재개발 관련 관심이 뜨거운 지역에 나와 있는 경매 물건으로 감정가 100% 때 누군가 낙찰을 받고 잔금을 납부하지 않아 대금이 미납된 상황이었다.

소재지	서울특별시 강북구 번동				
도로명주소	시울특별시 강북구				
물건종별	다세대(빌라)	사건접수	2020.02.18	경매구분	임의경매
대지권	23.66㎡(7.16평)	소유자	채○○	감정가	87,000,000
건물면적	35.39㎡(10.71평)	채무자	강○○○○○	최저가	(80%)69,600,000
배당종기일	2020-05-07	채권자	김○○	보증금	(20%)13,920,000
매각조건	대항력 있는 임차인				

입찰진행내용

구분	입찰기일	최저매각가격	결과
	2021-01-11	87,000,000	변경
신건	2021-02-08	87,000,000	매각
매수인: ○○○ / 입찰인원: 46명 / 2등입찰가: 248,110,000원 / 낙찰금액:250,400,000원(288%)			
대금지급기한: 2021-03-22 미납			
신건	2021-04-19	87,000,000	매각
매수인: 입찰인원: 12명 / 2등입찰가:184,670,000원 / 낙찰금액: 221,000,000원(254%)			
	2021-06-15	대금지급 및 배당기일	진행
	2021-06-15	대금지급 및 배당기일	진행

대장옥션을 통한 서울특별시 강북구 번동 물건 소개.

32년 된 노후 빌라,
254%나 높은 가격에 낙찰

—

　1989년 사용승인 이후 지은 지 32년 된 극강의 노후 빌라다. 감정가는 8,700만 원부터 시작해 1회차 때 46명이 응찰하고, 이 중 한 명이 감정가 대비 287%나 높은 2억 5,040만 원에 낙찰받았다. 하지만 어떤 이유로 낙찰자가 잔금을 미납했고, 다시 경매가 진행되어 이번 2억 2,100만 원에 다시 낙찰되었다. 미아역까지 약 1.1㎞ 거리이

구분	순번	소재지	용도 / 구조 / 면적		사용승인일	감정가(원)	비고
대지권	1	61, 2층 1호	141.96㎡(42.94평) 중 23.66㎡(7.16평)			60,900,000	
건물	1	2층 중 2층	방2, 거실, 주방, 욕실 겸 화장실 등	35.39㎡ (10.71평)	1989.01.20	26,100,000	
감정가					합계	87,000,000	
감정평가 요항	1. 구분건물감정평가요항표 1) 위치 및 주위환경 본건은 서울특별시 강북구 번동 소재 "강북문화정보도서관" 북측 인근에 위치하고 부근은 단독주택, 공동주택 등이 밀집되어 있는 주택지대로서, 근거리에 공공시설 및 근린생활시설 등이 소재하는 바, 제반 주위환경은 보통시 됨						

☑ 임차인 현황   말소기준권리: 2018-02-21, 배당요구종기: 2020-05-07   매각물건명세서 현황조사서 세대조사열람

임차인	점유현황	전입 / 확정 / 배당	보증금 / 월세 / 환산보증금	예상배당액 예상인수액	대항력
송미자	주거임차인 전부(방2칸 2층 1호)	전입: 2016-10-31 확정: 2016-10-13 배당: 2020-02-28	보증금: 70,000,000원	미배당 낙찰자인수 최우선변제대상	있음
			임차인수: 1명 / 보증금합계:70,000,000원 / 월세 합계: 0원		
임차인 대항력	※ 매수인에게 대항할 수 있는 임차인 있으며, 보증금이 전액 변제되지 아니하면 잔액을 매수인이 인수함				
점유관계조사	* 전입세대주 채미영(소유자)을 발견함				

강북구 번동 물건의 다른 낙찰 이력.

고 도보로 약 16분 정도가 소요된다. 또한, 초등학교가 있지만 거리가 다소 멀어 선호도 측면에서 우수하지는 않았다. 물건지까지 진입하는 데 경사가 다소 있다.

서울특별시 강북구 번동은 공공 재개발이라는 이슈 때문에 소액투자자의 성지로 불렸다. 30대 젊은 층이 손바꿈을 대거 실행했다. 조합원은 미리 빠지고 젊은 층이 대거 매입에 나섰다. 하지만 공공재개발 후보지에서 보류 대상으로 결정되었다. 보류와 취소는 하늘과 땅 차이다. 예를 들어, 공공 재개발 후보지가 취소되면 다시 신청할 수 없지만, 보류되었다는 것은 언젠가는 다시 진행할 가능성이 크다는 것을 의미한다. 상승장의 기류가 어느 정도 유지될 수 있는 조

건이다.

경매 물건은 재개발 예정지역이라 감정가 대비 약 287% 높게 낙찰된 이력도 있고, 재개발 동의서를 받는 중이라 일정 부분 기대심리가 작용했다. 게다가 풍선효과까지 작용해 고가로 낙찰을 받았다. 하지만 4월 초에 사업성의 한계가 있어 공공 재개발이 보류되자 개발 관련 풍선효과가 사라지고 매입자들은 현금청산에 대한 압박도 받는 상황이다. 이런 이유로 낙찰자는 잔금을 납부하지 않고 보증금 870만 원을 잃어가면서 물건을 포기했다.

하지만 다시 누군가 감정가 대비 254%나 높은 가격인 2억 2,000만 원에 낙찰을 받았다. 현재 재개발 후보지에서 보류되어 공공 직접 주도 재개발이 진행되어 현금청산 대상자가 될 수가 있는데 왜 이런 고가 낙찰을 받은 것일까? 우선 개발행위에 따른 현금청산의 기준을 명확하게 알고 있어야 한다.

현금청산 대상 확인하고
신중하게 행동해야

—

누구나 쉽게 이해할 수 있도록 팩트만 추려서 정리하겠다. 현금청산 방식의 개발 유형은 부동산 정책 2·4 대책에서 발표된 공공 직접 시행 재개발과 도심 공공주택 복합사업이다. 그 외 소규모 민간 재개발이나 공공 재개발은 아직 현금청산 대상이 아니다. 한마디로 요약

해당 물건의 재개발 동의서 작성해 달라는 현수막 모습.

하면 공공이 주도하여 개발하는데 개발 전에 일반인의 사고파는 행위로 인해 주택 가격의 상승을 막고자 도입한 제도다. 현금청산 대상이 되는 개발은 공공이 직접 시행하거나 주도하여 개발하는 경우다. 또 역세권 소규모 재개발을 할 때도 현금청산 대상이 된다. 반대로 공공 재개발, 민간 개발 등 소규모 개발은 현금청산 대상이 아니다.

다시 말해 공공 직접주도 재개발은 공공기관에 소유권을 넘긴 다음 우선 공급권을 부여받아 추후 정산하고 새집을 분양받는 형식이다. 반대로 공공 재개발은 일반 재개발과 비슷한 맥락이고, 단지 시행을 공기업이 맡고 시공은 일반 건설사가 맡는 것이 일반적이다. 개발 계획에 따라 혹은 지역별 여건에 따라 차이는 있지만, 통상 국토교통부에 표기된 공시지가를 기준으로 보상한다. 예를 들어, 공공 직접 개발 시행지역에 있는 주택을 2·4 대책 이후 2억 원에 매입했다고 가정하자. 공시지가는 8,000만 원으로 나오고 플러스 30%의 추가분을 지급하게 된다.

공시지가 8,000만 원, 30% 추가분 2,400만 원을 더해 1억 400만 원에 현금청산을 하게 된다. 그렇게 되면 매입가 대비 1억 원 정도의 손해를 볼 수 있다. 이 점을 자세히 알고 투자에 임해야 한다. 하지만 현금청산 대상이 보상을 받기까지는 통상 5～10년 정도가 소요된다. 매년 공동주택 가격이 상승하고 있어 최초 매입 가격만 저렴하게 경·공매로 매입할 수 있다면 일정 부분의 수익도 기대해볼 수 있다. 하지만 투자 관점에 있어 장기간 보유 리스크 때문에 권하지 않는다.

수시로 바뀌는 정책 때문에 아무 생각 없이 사인하면 공시지가 기준으로 현금청산을 받아 막대한 손실을 볼 수 있다. 내가 만약 2·4 대책 이후에 부동산을 매입했고, 공공이 직접시행 혹은 역세권 소규모 재개발 동의서를 받으러 왔다면 머리에 띠를 두르고 1인 시위라도 하며 재개발을 결사반대해야 한다. 정부가 발표하는 각종 부동산 관련 대책은 의외로 강력한 후폭풍을 일으킨다. 그걸 알지 못하고 섣불리 동의서에 사인하면 막대한 손해를 입고 크게 후회할 수 있다.

다수 국민은 부동산 정책이 변경된 사실을 인지하지 못하고 종전 법으로 인지하여 내 집 마련 혹은 자식에게 집 하나 사주려고 부동산을 매입한다. 그런데 취·등록세가 매입가의 8～12%가 나오고 잔금을 내야 하는데 대출이 전혀 불가능하고 심지어 현금청산까지 당하는 안타까운 일이 빈번하게 생긴다. 그러니 부동산을 매입하고 매도할 때는 어렵더라도 최신 개정된 세법과 부동산 대책 사항을 면밀하게 검토해야 한다. 그래야 피 같은 내 돈을 안전하게 지킬 수 있다.

지분투자로
무조건 이기는 투자를 하라

　지분 경매 물건은 주택, 건물, 농지, 임야, 대지 등 다양하다. 지분 경매 물건은 그 유형에 따라 다소 차이는 있지만, 매각 기순가격인 감정가격의 50% 이상 하락한 가격에 경매가 진행되는 사례가 많다. 이러한 물건의 경우 저렴한 가격에 낙찰을 받아 정상가격에 매각할 수 있다면, 그 시도만으로도 수익을 올릴 수 있다는 장점이 있다. 부동산 경매로 매입한다는 자체가 시장의 시세나 감정가격보다 저렴하게 사겠다는 의미가 내포되어 있다.

　그래서 경매로 부동산을 구입한 후 매각하는 단순한 행위만으로 수익을 창출할 수 있다. 하지만 모든 투자에는 그 위험 리스크가 있어 투자금 손실의 가능성을 안고 있다는 것은 알아야 한다. 물론 일반 부동산 거래는 시세보다 저렴하게 구입해도 납부 세금이 증가해 손실을 볼 때도 있다. 지분경매는 수익이 발생한다는 전제하에 주의할 사항을 살펴보고 손실을 최소화하는 방안을 강구해야 한다. 먼저

지분경매 물건 아파트 모습.

지분경매의 수익 구조를 살펴보자.

지분경매의
수익 구조 유형

―

지분경매의 수익 구조는 여러 가지 유형이 있다. 그 유형에 따라 접근방법이 다르므로 입찰 시 이를 반영하여 준비해야 한다.

첫째, 공유자우선매수청구권 행방이다. 가장 좋은 방법은 공유자우선매수청구권을 행사하는 것이다. 우선매수청구권의 행사를 준비하여 입찰 때마다 법원에 출두하여 최고가 매수신고인이 없으면 다음 입찰에 참여하고, 최고가매수신고인이 있으면 그 권리를 우선매수청구권을 행사하여 매입하는 방법이다. 이 방법은 본인이 직접 입찰에 참여할 때보다 가격을 하락시켜 매수가격을 떨어뜨리고자 할 때 사용한다. 안정적으로 지분을 저렴하게 확보할 수 있다는 측면에서 매우 좋은 방법이다.

> **공유자우선매수청구권**
> 어떤 부동산의 지분이 공유되어 있는 경우, 지분 소유자 중 한 사람이 그 부동산을 매각할 때 공유자가 우선 매수할 수 있는 권리. 한 부동산에 서로 모르는 공유자가 발생하여 분쟁이 발생하는 것을 방지하기 위한 제도다. 경매 등 법원의 입찰로 한 소유자의 지분이 매각될 때, 신고된 최고 가격에 공유자가 우선 매수할 수 있는 권리를 부여한다. 공유자가 우선 매수를 포기할 경우는 최고가격으로 입찰에 응한 사람에게 매각된다.

둘째, 지분경매를 낙찰받아 매각하는 방법이다. 경매로 지분을 저렴하게 인수한 다음 다른 지분권자나 이해관계자에게 이윤을 붙여서 매각하는 방법으로 단기간에 수익을 창출할 수 있다는 점이 큰 장점이다. 하지만 매수자가 있을지는 미리 사전에 정보를 습득하고 이해관계자들과 교감을 한 상태에서 접근해야 한다. 낙찰받았는데 매수인이 없는 경우에는 장기투자로 자금이 묶일 수 있으니 주의가 필요하다.

셋째, 지분경매 낙찰 후 매수하는 방법이다. 경매로 나온 지분을 매입한 이후에 다른 지분권자를 상대로 매도 의사가 있는지 타진하여 본인이 다른 지분을 매입하고 온전한 소유권을 취득하는 방법이다. 이는 온전한 소유권의 경우 그 권리관계가 단순화되어 소유권의 매각이나 근저당권 설정 등의 다양한 방법을 이용하여 부동산을 활용할 수 있다는 측면에서 매우 좋은 방법이다.

넷째, 공유물분할청구 소송을 이용한 소유권 독립이다. 낙찰받은 지분은 매각이나 사용이 어려울 수 있다. 그래서 전체 공유물에 대한 분할청구 소송을 제기하여 하나의 필지를 여러 필지로 나누고, 지분에 따른 독립된 소유권을 확보하는 방법이다. 독립된 소유권을 행사하면 부동산을 본인의 의도대로 사용할 수 있고, 근저당권을 이용한 자금조달도 가능해진다. 또한, 매각을 좀 더 손쉽게 추진할 수 있어 지분권자라면 한 번쯤 관심을 가져볼 만한 방식이다.

다섯째, 낙찰 이후 정부기관을 상대로 매도하는 방법이다. 지분물건은 도로의 경우에는 그 소유권이 개인에게 있으나 실질적인 사용자는 정부기관이 된다. 고속도로, 버스 전용도로 등 다양한 형태가 존재한다. 경매로 낙찰을 받은 이후에 정부가 사용하고 있는 도로에 대해 정부를 상대로 매수청구 소송을 하여 공시지가에 준하여 매각하는 방법이다. 하지만 정부는 소송에서 승소하여 매각통지를 받더라도 예산이 없을 때는 매수를 진행할 수가 없어 매수가 이루어지려면 많은 시간이 소요될 수 있으니 주의가 필요하다.

여섯째, 지분매입 장기보유투자다. 토지는 본인이 직접 사용하지 않고 장기적인 안목을 가지고 미래가치에 투자하는 사례가 많다. 지분을 매입한 이후에 세금만 납부하면서 기다리는 방법이다. 저렴하게 구입했기 때문에 자금에 대한 부담이 적고 장래 재개발이나 도로 개통의 수혜가 예상된다면 편안한 마음으로 그 시기가 도래할 때까지 기다리면 된다. 다소 엉뚱한 방법이지만 적금을 든다는 마음으로 투자하는 방법의 하나다.

지분경매의 예시로 전체가 아닌 50%만 잘라 부동산 경매에 나온 아파트에 대해 말하겠다. 지분경매는 다른 지분을 소유한 공유자가 최고가 매수인과 동일한 입찰가로 공유자 우선 매수권 권리를 활용할 수 있다. 그래서 애매한 물건이라 생각할 수 있는데 간혹 낙찰받지 못하는 때도 있다. 하지만 경쟁이 심하지 않고, 낙찰만 되면 수익이 보장될 수 있으니 부동산 경매에 관심이 있으면 관심을 두고 꼼꼼하게 체크해보면 좋은 물건이다.

통상 지분경매는 부부 공동명의나 공동투자자 그 외 자식들에게 상속하는 경우가 대부분이다. 등기사항증명서상에 소유권 관련된 내용을 보면 10명 이상의 지분권자가 있을 때가 있다. 성도 다르고 연령도 다르고 심지어 지분권자에 주소지도 다양한 물건을 만날 수 있다. 왜 이렇게 연관성이 전혀 없는 사람 여럿이서 지분을 나눠서 가지고 있을까? 이는 대부분 기획부동산을 통해 땅을 매입한 경우다.

기획부동산 수법은 개발의 가능성이 있는 부지라고 소개하며 맹지 혹은 개발 불가능한 그린벨트 등 토지의 지분을 나누어서 불특정 다수에게 높은 금액으로 판매하는 방식이다. 최근 들어 서울과 수도권뿐만 아니라 신도시가 개발되거나 GTX 노선이 신설되는 곳이라며 투자자를 현혹하여 매입을 유도하는 사례가 넘쳐난다. 요즘 부동산 가격이 지속해서 우상향하기 때문에 사기당하는 경우도 많다. 기획부동산 사기 방법 두 가지를 소개하면 다음과 같다.

기획부동산 사기의
두 가지 방법
—

첫째, 기획부동산 사기 중 가장 흔한 사례는 주변 지인 중에 최근 몇 년간 연락이 전혀 없다가 갑자기 연락이 오고 투자를 유도하는 것이다. 그들은 하나같이 자신이 땅을 사서 재미를 보고 있다고 하며 자신만 알고 있는 특급정보 이야기를 꺼낸다. 그러고는 "요즘 네가 힘들다고 하니까 너한테만 특별히 알려주는 거야" 이렇게 이야기하면서 투자를 권유한다. 통상 가장 많이 하는 방법이다. 기획부동산 특성상 직원들에게 토지를 먼저 판매하고 나서 직원들의 가족과 주변 지인들에게도 판매하는 수법을 사용한다. 다단계마케팅 형태라고 보면 된다.

둘째, 유령회사가 투자설명회를 열거나 기존의 토지 분양업체와 공인중개사 사무실 등에서 "현재 지역에 매물이 씨가 말랐다", "지금 매입하지 않으면 평생 있을까 말까 하는 기회를 놓치게 된다", "대기업이 부지를 매입할 예정이다" 등의 말을 하며 심리적 조급함을 부추겨 현장에서 계약할 수 있는 소액투자 토지 지분등기를 추천하는 경우다. 통상 이런 경우 기획부동산을 의심하고 실제 임장 활동과 개발계획 토지이용계획확인원을 통해 토지의 가치를 재검증해야 한다. 지분물건 중 기획부동산이 작업한 물건은 되도록 피해야 한다. 가치가 없는 토지에 여러 명의 지분권자가 엉켜 있으면 추후 공유물 분할 청구 소송 및 매수자를 만들기조차 어려울 수 있다. 지분경매 물건은 최대 소유자를 5명 이하로 해야 한다.

아파트 지분경매
예시
—

본론으로 넘어와서 아파트 지분경매를 예시해 살펴보겠다. 전용면적 43평 아파트의 약 50% 지분인 23평만 경매로 나왔다. 상속에 의한 부동산이며 성이 전부 같은 지분권자는 총 4명이다. 최저가 3억 5,000만 원 정도이며 현재 실거래는 8억 7,000만 원이고, 호가는 10억 5,000만 원 정도다. 아파트는 지분 50%를 3억 원에 사서 10억 원에만 판다고 해도 절반인 5억 원을 받을 수 있게 된다. 투자금 대비 2억 원이라는 시세차익을 예상할 수 있다.

아파트가 지분이 아닌 전체로 나왔을 경우 감정가의 120~130%로 고가 낙찰되는 사례가 많다. 하지만 지분 아파트가 경매에 나오면 특수물건에 속해서 기존 시세보다 약 20~30% 조금 더 저렴하게 낙찰되는 케이스가 종종 있다. 물건의 가치만 뛰어나다면 지분이라는 상황은 크게 중요하지 않다. 하지만 통상 아파트의 경우 동별, 층별, 향별로 가격대가 천차만별로 달라질 수 있기에 현재 움직이는 시세를 정확하게 판단해 보아야 한다.

이 부동산은 지은 지 20년 이상 된 노후 아파트로 주변에 산을 끼고 있다. 지상과 함께 지하에도 주차장이 구성되어 있다. 홍제역에서

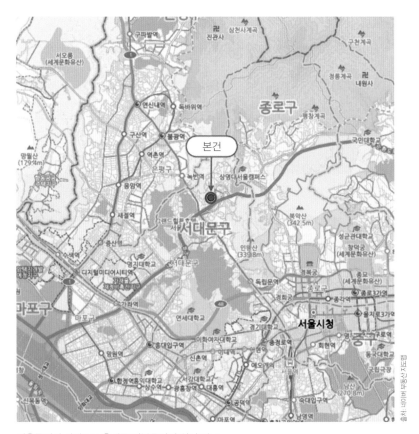

서울특별시 서대문구 홍제동 지분물건의 위치 정보.

900m 떨어져 있어 도보로 15분 정도 거리다. 인근 공원, 초등학교,
유치원, 근린시설 등이 있어 주거 환경은 양호한 편이다. 동은 정문
과 가장 가까운 곳에 자리하고 있어 진입이 양호한 편이고 앞으로 가
리는 단지가 없어 조망권 또한 좋다.

또 다른 사례로 현재 시세 10억 원 정도인 아파트가 50%의 지분

소재지	서울특별시 서대문구					
도로명주소	서울특별시 서대문구 세검정로					
물건종별	아파트	사건접수	2020.02.10	경매구분	강제경매	
대지권	전체: 60.3㎡(18.24평) 매각지분: 32.47㎡(9.82평)	소유자	유○○	감정가	381,000,000	
건물면적	전체: 0㎡(0평) 매각지분: 76.99㎡(23.29평)	채무자	유○○	최저가	(80%)304,800,000	
배당종기일	2020-04-23	채권자	유○○	보증금	(20%)30,480,000	
매각조건	대항력 있는 임차인					

입찰진행내용

구분	입찰기일	최저매각가격	결과
신건	2020-12-01	381,000,000	유찰
	2021-01-05	304,800,000	변경
	2021-02-09	304,800,000	변경
	2021-04-20	304,800,000	변경
취하된 사건입니다.			

서대문구 홍제동 지분물건의 사건 정보 소개.

경매로 나왔다. 온전한 부동산이 아니어서 투자자들이 응찰하지 않아 1회차 할인되어 현재 3억 원대에 경매가 진행 중이다. 이 부동산을 3억 3,000만 원에 낙찰받았다고 가정하면 10억 원의 아파트 중 50% 지분이 귀속된다. 이때부터 총 4가지 플랜으로 수익은 보장될 수 있다. 가장 기본적인 수익과정은 나머지 지분권자에게 나의 지분을 파는 것이다. 내가 50%의 지분을 가지고 있으니 시세 10억 원의 절반인 5억 원이 아닌 4억 5,000만 원에 매도를 권해 볼 만하다. 이는 기본적인 1차 플랜이 된다.

하지만 협상이 원활하지 않을 수 있다. 실패할 경우 즉시 플랜 B로 넘어가야 한다. 만약 나머지 50% 지분을 누군가 4억 5,000만 원에 사서 그 지분을 나에게 팔게 된다면 최초 지분 매입금액 3억 3,000만 원에 나머지 지분권자의 지분 매입비용 4억 5,000만 원을 더해 합계 7억 8,000만 원의 투자비용이 나오게 된다. 현재 시세 10억 5,000만 원 중 10억 원에만 매도해도 약 2억 2,000만 원의 수익을 만들 수 있다. 하지만 이 협상 또한 불발될 수 있다. 그러면 즉시 플랜 C로 넘어가게 된다.

지분권자가 팔지도 사지도 않겠다고 한다면 "이 부동산을 현 시세로 일반매매를 통해 매도하여 매도금을 반반씩 나눠 가지면 좋겠다"는 제안을 하게 되는데 이렇게 해도 시세가 10억 원이기에 매도 시 5억 원씩 나누어 가질 수 있다. 상대가 억지를 써 협상이 지연되는 사례도 있다. 이럴 때도 이성적인 대화가 진행되지 않는다고 판단되면 곧바로 다른 방법을 찾아야 한다. 최종적으로 플랜 D로 접어들어야 한다.

플랜 A에서 플랜 C까지의 수익보다 플랜 D의 수익이 가장 크게 나올 수 있다. 협의가 되지 않으면 공유물 분할청구 소송과 부당이득금 반환청구 소송까지 전자소송으로 진행하면 된다. 이것은 다른 지분권자가 부동산 전부를 점유하고 있으며 사용수익을 내고 있으니 내 권리만큼의 이익을 되돌려 달라고 신청하는 것이다. 즉, 소송을 집행하는 중에 부동산의 나머지 지분권자가 전체를 사용하고 있으니 50%에 해당하는 매월 임대료를 전체적으로 지급하는 소송을 하는 것이다. 여기서 꿀팁은 공유물 분할청구 소송 진행 중에 50% 지분 권자가 본인의 지분을 팔아버리면, 다른 지분권자와 공유물 분할청 구 소송을 다시 해야 한다는 점이다. 그래서 미리 가처분 신청을 해 둘 필요가 있다. 가처분이라는 안전장치를 해두고 소송준비를 해야 한다.

이렇게 부당이득금 관련 임대료 미납에 대한 판결문을 가지고 부 동산을 강제경매 신청할 수 있다. 경매가 진행되면 반쪽짜리 지분물 건이 되어 여러 번 유찰된 상태가 된다. 이때 공유자 우선매수권 행 사를 통해 더 저렴하게 부동산을 취득하면 더욱 큰 수익을 만들 수 있다. 만약 본인이 지분을 매입할 의사가 없다면 지분을 전부 합쳐서 공유물 분할에 의한 형식적 경매를 접수하고 현금 분할을 요청할 수 도 있다.

시세가 10억 5,000만 원인 아파트가 전체지분으로 경매가 진행되 면 시세보다 10~20% 정도 저렴한 9억 대에 낙찰될 것을 예상할 수 있다. 낙찰금액에서 50%인 4억 5,000만 원을 받아 매입가 3억 3,000 만 원 대비 1억 원 이상의 시세차익을 만들 수 있다. 하지만 통상 지 분경매는 경매 처분까지 가지 않고 중간에 판결문을 받거나 경매에 접수되는 과정에서 나머지 지분권자가 협상의 의사를 표현한다. 이 때부터는 모든 협상의 선택권은 나에게 돌아오며 가장 합리적인 방 법으로 계약을 마무리할 수 있게 된다.

지분물건을 수익화하는
과정 요약

—

　이렇게 지분물건을 수익화하는 과정을 여러 가지 방향으로 이야기했는데 최종적으로 요약하면 첫째, 나머지 지분권자에게 나의 지분을 합리적으로 매각한다. 둘째, 제시한 금액으로 내가 나머지 지분을 매입하여 100% 부동산을 매도하여 수익화를 만든다. 셋째, 지분권자들과 협의하여 일반매도를 통해 현금 분할한다. 모든 협상이 성사되지 않고 불발된다면 최종적으로 공유물 분할을 통해 전체 부동산을 경매에 붙여 현금 분할하면 된다. 그렇지 않으면 넷째, 부당이득금 반환청구 소송을 통해 나머지 지분에 대해 강제경매를 신청한 후 우선 매수권 권리를 통해 50% 저렴한 상태에서 나머지 지분을 취득하면 된다.

　이처럼 모든 특수 권리가 크게 중요한 것은 아니다. 지레 겁먹고 복잡하게 생각하여 포기할 일만은 아니다. 부동산의 가치만 높다면 어떠한 권리도 해결할 수 있고 무조건 이기는 투자를 할 수 있다. 추후 매도 시 기대수익과 다양한 출구전략을 통해 수익의 보장을 받을 수 있다. 그러니 부동산의 가치를 볼 수 있는 시야를 넓히는 데 집중해야 한다. 자신이 아는 모든 방법을 총동원하여 가능성을 열어 두고 차근차근 처리해가면 된다. 겁부터 먹고 포기하면 기회는 찾아오지 않는다.

비조정 지역 아파트 투자로
상승장에 합류하라

파주시 조리읍
아파트 낙찰 후기

비조정 지역 아파트 투자라 하면 조금 의아하게 반응하는 경우가 많다. 경매 전문 유튜브 채널인 대장TV의 실전 투자반에 참여해 교육받고 낙찰받은 수강생 사례가 있어 비조정 지역 아파트에 낙찰된 후기를 소개해 보겠다. 낙찰된 경매 물건은 경기도 파주시 조리읍에 있는 아파트다. 전용면적은 25.7평이며, 분양 평수로 약 34평 정도다. 18층 중 16층이어서 로열층에 분류되는 물건이다. 감정가는 2억 2,000만 원부터 출발하는 신건 물건으로 입찰 인원 7명 중 감정가 대비 110% 정도의 2억 4,200만 원에 낙찰되었다.

차순위와 70만 원이라는 간발의 차이로 낙찰받았다. 이 부동산에 대해 권리분석을 해보겠다. 등기부 현황을 보면 최초 설정 권리는

소재지	경기도 파주시 조리읍				
도로명주소	경기도 파주시 조리읍 능안로				
물건종별	아파트	사건접수	2020.06.22	경매구분	강제경매
대지권	43.25㎡(13.08평)	소유자	엄○○○○○	감정가	220,000,000
건물면적	84.91㎡(25.69평)	채무자	엄○○○○○	최저가	(100%)220,000,000
배당종기일	2020-09-17	채권자	한○○○○○○○	보증금	(10%)22,000,000
매각조건					

입찰진행내용

구분	입찰기일	최저매각가격	결과
신건	2021-04-13	220,000,000	매각

매수인: / 입찰인원: 7명 / 2등입찰가: 241,399,900원 /
낙찰금액: 242,111,100원(110%)

대금지급기한: 2021-05-28 납부(2021.05.14.)

실제 수강생이 낙찰받은 대장옥션 물건 정보 소개.

2017년 설정된 근저당이 말소기준권리로 낙찰 후 모든 권리는 소멸
한다. 현재 채무자가 거주하며, 추가적인 임차 명세가 없어 낙찰 후
인수되는 권리사항이 없는 깨끗한 물건이다. 마지막으로 법원이 제
공하는 품질보증서, 즉 매각물건명세서를 확인해보면 등기된 부동산
에 관한 권리 또는 가처분으로 매각이 소멸하지 않는다. 낙찰 후 인
수되는 권리를 표기하는 난은 공란으로 되어 있다. 품질보증서 또한
인수되는 권리가 없어 급매보다 저렴하게 입찰하면 되는 물건으로
보인다.

전략을 가지고
기대수익을 만들어라

—

현재의 부동산 시세를 점검해보겠다. 현재 시세를 살펴보니 동일한 조건의 아파트가 평균 약 2억 9,000만 원에서 3억 원 정도의 가격을 형성하고 있다. 낙찰가는 2억 4,000만 원, 현재 시세 2억 9,000만 원이다. 낙찰 후 얼마 되지 않아 최소 5,000만 원 정도의 시세차익을 구성했다. 아파트 거래량을 보면 지속해서 상승장에 있음이 확인된다. 거래량 또한 활발하게 움직이고 있다. 부동산은 단기적인 매도 차익보다는 2년 정도 보유한다는 전략을 가지고 보다 높은 기대수익을 만들어야 한다.

만약 반대로 거래량이 적고 지속해서 하락한 가격에 거래가 형성된다면 하락장에 있는 부동산이므로, 보유만으로 감가상각을 당할 수 있다. 그러면 최대한 안전 이윤을 확보한 후 단기적인 매도를 진행해야 한다. 주변 인프라로는 경매 물건 아파트 바로 앞에 공릉천이 있어 탁 트인 조망권이 장점이다. 자전거도로와 산책로도 있어 쾌적한 환경을 조성하고 있다. IC까지 10분 이내에 진입할 수 있어 교통도 양호한 편이다. 주변의 개발 호재성을 살펴보면 캠프 하우스 도시개발이 진행 중인 것을 알 수 있다. 약 4,400세대 공동주택이 세워지고, 근린생활시설, 초등학교, 공원 등이 조성될 예정이고 그 외 파주 운정지구 택지개발까지 추진되고 있어 공급량이 증가할 것으로 보인다.

실제 낙찰받은 파주시 조리읍 아파트 전경.

대장TV 경매 실적교육 참여 수강생이 낙찰받은 부동산 경매 물건의 스펙 사항을 살펴보면 도움이 된다. "요즘 부동산 경매는 레드오션, 끝물이다", "일반 매물보다 오히려 비싸게 산다", "감정가를 넘겨 100% 이상 고가 입찰해서 남는 것이 없다" 이렇게들 이야기하며, 애써 경매 투자를 외면하는 경향이 있다. 무슨 근거로 이렇게 말하는 것인지 예상해보면 감정가를 기준으로 부동산을 보기 때문이다. 하지만 감정가는 감정가일 뿐 절대 시세가 될 수 없다는 점을 인지해야 한다.

낙찰받은 파주시 조리읍 아파트 조망 모습.

현재 형성되어 있는
시세에 초점을 맞추어라

　법원 감정 금액 측정은 담보권 실행을 위한 경매의 경우 최소 6개월 전에 감정평가사가 시세 조사한 금액으로 강제경매와 비교할 때 1년 전에 조사한 시세다. 부동산에 외부적인 요인, 즉 교통의 호재, 각종 관공서 이전 및 일자리 창출 등의 요인이 발생하면 6개월 전 감정한 금액과 현재의 가격 사이에는 차이가 발생할 수 있다. 주택 공급량 부족으로 기래량이 우상향하면 이 또한 시세가 달라지게 하는 요인이 된다. 감정가 대비 100% 넘는 금액으로 낙찰받는 걸 보고 "경매는 이윤이 없다"라고 단정적으로 이야기하는 건 잘못이다.

전세를 끼고 집을 살 때 수백 매매가
보다 전세가가 더 높아 매수자가 오히
려 돈(프리미엄)을 받는 왜곡된 거래
현상을 일컫는 신조어다. 보통 갭투자
는 소액 종잣돈과 세입자의 전세보증
금을 합쳐 주택을 구입하는 것을 말하
는데, 전셋값이 치솟으면서 매입비용
과 이를 웃도는 전세가의 차액을 주택
구매자가 챙기는 경우가 발생하고 있
다. 갭투자 시 돈 한 푼 들이지 않고 사
는 경우를 '무피'라고도 부른다. 전세
수요가 많고 전세 가격이 낮은 곳에서
주로 나타나는데, 갭투자자들이 매입
가격보다 전세 가격을 같거나 더 높게
내놓는 것이 원인이다. 전세난에 임차
인의 선택폭이 줄어 울며 겨자 먹기로
전세 계약을 맺기도 하지만 집값이 내
릴 때 '깡통전세'가 될 수 있어 주의가
필요하다.

지금 형성되어 있는 시세에 초점을 맞춰서 물건을 보아야 한다. 경매 물건 중 신정한 보석은 감정가에 숨겨져 있다. 수익이 더 높은 부동산은 경매에 나오자마자 고수들이 먼저 낙찰받아 가고, 매력이 없는 부동산이 유찰을 통해 세일된다는 점을 꼭 인지하여 감정가부터 물건을 검토하는 습관을 길러야 한다.

예시 물건을 최종 정리해 보면 낙찰자가 낙찰받은 금액은 2억 4,000만 원이며, 현재 시세는 3억 원 정도에 형성되어 있다. 현재 임차구성 전에 시세차익만 약 6,000만 원 정도의 수익을 만들었다. 물건은 저평가된 부동산이라 향후 2년 정도 운영 후 매각하면 매도 때보다 높은 수익을 만들 수 있을 거라 예상된다. 그래서 현재는 전세 2억 6,000만 원에 구성하여 11월에 입주 예정이다.

이렇게 되면 낙찰가 2억 4,000만 원 전액 회수가 가능하고, 매매가보다 전세가가 높아 오히려 돈이 남는 플피투자를 구성하게 된다. 투자금은 전액 회수되며 시세차익으로 최소 6,000만 원 이상 보장된 형태다. 또한, 비규제 지역이라 낙찰금액의 약 80% 선까지 대출할 수 있어서 종잣돈 4,000만 원 정도만 있다면 소액으로 취득이 가능한 아파트다. 이것도 전세를 맞추면 전액 회수되고 오히려

1,000~2,000만 원에 투자금이 회수된다.

　지금처럼 유동성 자금이 시중에 지속해서 풀리면 실물자산의 가치는 우상향하게 된다. 화폐 가치가 하락하는 것에 대비해 실물자산, 즉 부동산을 더 저렴하게 경매로 매입하는 기술을 습득해야 한다. 더 나아가 훌륭한 입지를 볼 수 있는 시야와 부동산의 본질을 통찰하며 다양한 개발행위로 인해 가치를 높이는 전략까지 필수적으로 마스터해야 한다. 지금 투자를 통해 얻는 리스크보다 아무것도 안 하고 방관하는 것이 더 큰 손실을 볼 수 있다는 점을 꼭 인지하면 좋겠다. 지금도 저평가된 소액부동산은 지속해서 경매시장에 나오고 있으니 천천히 안전하게 투자준비를 하면 된다.

PART
04

종잣돈 5억 원 모아
꼬마빌딩 건물주 되기
스타트 공식

꼬마빌딩 투자하기 전
알아야 할 기초지식

　요즘 부동산 투자에 관한 관심들이 많아지면서 단순히 내 집 마련을 넘어 다양하게 부동산 투자를 공부하고 알아보는 이들이 많아졌다. 각종 관련 서적이나 강의 등이 많아지면서 부동산 투자하는 분이 많이 있다. 현명하게 접근하고자 노력하지만 그래도 아직 정보가 미흡한데 무리하고 과감하게 투자를 진행하다가 피해를 보는 경우가 있다.

　빌딩이라고 하면 엄청나게 큰 고층 빌딩만을 생각하고 빌딩 투자를 시작할 엄두조차 내지 못하는 이들이 대부분이다. 하지만 꼬마빌딩 상가 건물 같은 투자도 요즘에는 부동산 투자에 관심이 많은 직장인에게 인기 있는 분야라 할 수 있다. 어느 투자든 투자하기 전에 꼼꼼히 기본적으로 알아야 할 기초지식을 숙지하고 투자하는 것이 중요하다. 우선 대지면적, 연면적, 건축면적, 건폐율과 용적률, 임대수익률 계산하는 방법을 알아보자.

첫 번째, 대지면적이다. 대지란 개별 필지로 구획된 토지다. 일반적으로 건축행위가 가능한 필지를 말하고 건물이 깔고 있는 땅이라고 보면 된다. 대지면적이란 말 그대로 땅의 면적이며, 우리가 흔히 말하는 평당 얼마라고 말하는 게 바로 대지면적당 기준으로 평당 가격을 산정하는 것이다. 토지, 건물에 대한 면적은 ㎡(제곱미터)로 표시해야 하지만 부동산 업계에서는 아직까지 오래전부터 익숙한 평수(1평=3.3㎡)를 많이 사용한다.

두 번째, 건축면적이다. 건축물의 외벽 혹은 기둥의 중심선으로 둘러싸인 부분의 수평면적을 말한다. 일반적으로 1층의 바닥면적 혹은 면적이 가장 큰 1개 층 면적을 의미한다.

세 번째, 연면적이다. 건축물 전체의 바닥면적의 합계다. 지상, 지하, 주차장 모두 포함한 면적이며, 중대형 빌딩은 이 면적을 기준으로 가격 산정하기 때문에 중요한 지표다. 대부분 투자자는 대지면적의 평단가가 얼마인지만 궁금해하고 연면적에는 별로 관심을 갖지 않는데, 일정 규모 이상의 중대형 빌딩은 연면적당 가격으로 빌딩 가격을 산정한다. 특히 건물은 연면적에 따라 바로 옆에 있는 건물이라도 가치가 다를 수 있다. 연면적이 큰 건물은 그만큼 임대할 수 있는 공간이 넓기 때문이다.

네 번째, 건폐율과 용적률이다. 건폐율은 대지면적에 대한 건축면적 비율이다. 예를 들어, 대지 100평에 건폐율 60%인 경우 건축면적이 60평이 된다. 용적률은 대지면적에 대한 건축 연면적의 비율이다. 즉, '건폐율이 높다'는 것은 '대지 바닥면적 대비 건축 바닥면적이 많다'라는 뜻이며 '용적률이 높다'는 것은 '대지면적에 비해 건물 바닥 면적의 합이 많다'라는 뜻이다. 이 지표가 부동산에 투자할 때 가장 중요한 내용이니 꼭 알아두어야 한다. 이런 법정 건폐율과 용적률은 용도지역마다 해당 지역의 조례로 정하고 있다.

많은 용도지역이 있지만 서울특별시 기준으로 1·2·3종 일반주거지역, 준주거지역, 준공업지역, 일반상업지역 6개 지역만 알고 있으면 빌딩 투자를 하는 데 큰 문제는 없다. 우리가 투자하는 꼬마빌딩의 경우 1·2·3종 일반주거지역의 1종과 2종의 건폐율은 60%이고 3종 일반주거지역의 건폐율만 50%다. 3종이 2종보다 건폐율은 10% 더 적기 때문에 상층까지 임대가 잘 안 되는 지역이라면 차라리 건폐율이 10% 높은 2종이 더 좋다고 할 수 있다.

용적률의 경우 1종 일반주거지역은 150%이고 2종과 3종으로 올라갈수록 50%씩 올라간다. 준주거지역이나 준공업지역은 400%, 일반상업지역은 800%다. 빌딩 투자를 하려면 기본적으로 해당 지역 조례에서 정한 용도지역별 건폐율과 용적률 정도는 알아야 한다.

그리고 같은 용도지역이라도 오래전에 지은 건물 중에는 현행 건축법에 따른 용도지역별 건폐율과 용적률보다 많이 받은 건물이 있다. 예를 들면, 강남이나 종로 쪽에 가보면 건물이 붙어 있는데, 예전에 지어진 이 건물은 그 토지의 최대 효율을 본 건물이어서 주변 건물보다 더 넓고 높다고 할 수 있다. 이런 건물들은 신축을 하게 되면 현행 건축법의 적용을 받아 건축면적이 줄어들기 때문에 리모델링을 하는 것이 효율적이다. 건폐율과 용적률의 이득을 본 건물은 주변 건물에 비해 임대를 줄 수 있는 공간이 넓기 때문에 임대수익도 높은 편이다.

다섯 번째, 건물 가격이다. 우리나라는 민법상 토지와 건물이 별개의 부동산으로 되어 있지만, 일반적으로 건물을 매입한다고 하면 건물만 매입하는 것이 아니라 토지와 건물을 함께 매입하는 것이다. 그래서 매매할 때 금액은 일반적으로 토지와 건물의 가격을 따로 산정하지 않고 일괄하여 계산한다. 하지만 부동산을 평가할 때는 토지의 평당 가격 기준으로 계산한다. 부동산은 건물의 가격보다 토지의 가격이 더 크기 때문이다.

부동산업계에서는 근린생활시설 건물로 신축된 지 10년 이상 된 부동산은 건물 가격을 따로 산정하지 않으며, 10년 미만의 부동산의 경우 일정 부분 건물 가격이 인정된다. 그 금액은 건물에 따라 다를 수 있지만 보통 다음과 같다.

준공 3년 미만: 연면적 평당 500만 원 내외
준공 3~5년: 연면적 평당 300~400만 원
준공 5~10년: 연면적 평당 200~300만 원

여섯 번째, 임대수익 및 연수익률이다. 건물의 임대수익은 건물의 가치를 나타내는 중요한 요소이고 향후 매각 시 중요한 역할을 하게 된다. 빌딩을 매입하려는 투자자 중에는 의외로 건물의 연수익률을 계산할 줄 모르는 이가 많다. 단순히 매물을 보고 자료에 적혀 있는 수익률에만 의존하면 이런 자료들은 생각보다 잘못된 결과를 초래할 수도 있고, 수익률을 부풀리기 위해 악의적으로 조작된 경우도 있다. 따라서 빌딩 투자뿐만 아니라 다른 수익성 부동산에 투자할 때 기본적으로 임대수익률을 직접 계산해 보아야 한다.

건물의 임대수익은 건물의 가치를 나타내는 중요한 요소다. 대부분의 투자자는 임대수익을 얻을 목적으로 꼬마빌딩에 투자하기 때문에 임대수익을 분석하고 계산하는 일은 빌딩 투자의 필수다. 부동산 임대를 하려면 임대수익률을 계산하는 방법과 그 원리를 알아야 한다. 부동산으로 얻는 수익은 크게 2가지로 하나는 임대수익이고 다른 하나는 보유하는 기간 주택 가격이 상승해 발생하는 시세차익이다. 시세차익 발생이 현실화한 기간과 그 차익 발생 금액에 대하여 각종 소요비용과 감면금액 등이 제외된 비용을 기준으로 양도소득세라는 과세기준을 적용하여 세금이 부과된다.

양도소득세와 더불어 보유 기간 중 부담하는 재산세, 종합부동산세 등의 부담이 커지고 있어 다주택 보유자는 시세차익 축소에 대한 불안 심리가 커지고 있다. 또, 보유세 강화 정책 현실화와 맞물려 투자를 고민하는 이들이 늘고 있다. 서울의 대표적 부동산 투자는 오피스텔 임대다. 일정 규모의 자기 자본과 융자 그리고 임대보증금 등을 통해 확보한 임대용 주택 혹은 오피스텔을 실거주가 아닌 순수 임대목적으로 운용하며 매달 고정 수익을 올린다.

LTV(Loan To Value ratio)
주택을 담보로 돈을 빌릴 때 인정되는 자산가치의 비율이다. 만약, 주택담보대출비율이 60%이고, 3억 원짜리 주택을 담보로 돈을 빌리고자 한다면 빌릴 수 있는 최대금액은 1억 8,000만 원(3억×0.6)이 된다.

그러면 왜 사람들은 임대투자를 고민할까? 지나치게 생각이 많아서 그렇다. 보유세와 양도소득세를 고려하더라도 그 이상의 수익을 창출하고 확보할 수 있다면, 낮아진 LTV를 뛰어넘는 자기자본을 투입하여 다주택자로서 투자를 진행해도 무방하다. 혹은 전세가율을 높여 전세 임대를 유지하면서 갭 투자 방식으로 시세차익을 거두는 방법도 가능하다.

하지만 본인이 거주하는 주택 외 보유하고 있는 현금자산을 모두 투입하여 시세차익 발생이 가능한 주택을 매수하기 어렵거나 혹은 매수하여 보유하는 과정에서 발생하는 각종 과세과금이 부담될 수 있다. 실제 시세차익을 계산한 후 투자 순수익이 기대에 못 미치면 차라리 고정적인 월세를 확보할 수 있는 임대수요가 확보된 입시에 임대용 부동산 매입을 고려하는 것도 나쁘지 않을 것이다.

임대투자 수익률 계산법

—

1. 매매금액 – 융자금액 – 보증금 = 투자금액

2. 월 임대료 전체 – 이자 비용 = 월 순수익

3. 월 순수익 × 12 = 월간 순수익

4. (연간 순수익 ÷ 투자금액) × 100 = 순수익률

임대 투자를 선택했을 때 임대수익률 계산 방법이다. 예를 들면 다

음과 같다.

1. 매수가격: 1억 원

2. 융자: 6,000만 원 LTV 60% (이율 4% 기준 월 이자 20만 원)

3. 임대보증금: 2,000만 원

4. 본인실투자금: 2,000만 원 (1번-2번-3번)

5. 월세: 40만 원

6. 월 순수익: 20만 원 (5번-2번의 이자 20만 원)

7. 연간 순수익금액: 240만 원

8. 연간 순수익률: 12% (7번 ÷ 4번) × 100

모든 값은 계산하기 편한 숫자로 대입했고, 이자 금액을 모두 제한 순수익을 환산했다. 신축 혹은 준신축건물을 기준으로 해 노후건물에 대한 수선, 리모델링 비용은 적용하지 않았다. 현재 설정한 조건으로 계산할 경우 2,000만 원을 투입하여 수익률은 약 12%로 계산된 결과를 확인할 수 있다. 실제 수익률이나 임대료 등은 지역과 현황에 따라 달라질 수 있지만, 계산식을 동일하게 적용한다면 간단하게나마 수익률을 계산해 예상할 수 있다.

꼬마빌딩 출구전략을 통해
건물에 트렌드를 입히자

신축 또는 리모델링이 요구되는
적절한 시기

—

길을 지나다 보면 신축건물 공사를 진행하는 곳을 자주 볼 수 있다. 신도시에 위치한 외형이 양호한 건물도 신축이나 리모델링을 통해 가치 상승을 도모하는 것을 흔하게 볼 수 있다. 이렇듯 신축이나 리모델링을 한 꼬마빌딩은 매물에 잘 나오지 않는다. 나온다고 해도 리모델링값이 더해져서 값이 반영되어 비싸게 나온다. 건물주 입장에서는 건물 상태도 좋고 임대료도 잘 나오는 건물을 굳이 싸게 팔 이유가 없기 때문이다. 한편, 20~30년 전에는 신축 건물이었고 규모도 큰 빌딩이었지만 현재는 시간이 오래되어 꼬마빌딩이라고 불리는 건물이 신축건물 사이에 아직도 많이 있다.

이런 꼬마빌딩은 주위에 신축건물이 들어서며 여러 가지 어려움

.

을 겪고 있다. 그럼에도 불구하고 기존의 꼬마빌딩이 없어지지 않는 이유는 건물의 위치 지체가 수익성이 높은 곳에 자리 잡고 있기 때문이다. 건축주가 어려움을 겪으면서도 쉽게 건물을 포기할 수 없는 이유다. 이런 건물은 최대한 그 위치의 장점을 살리면서 건물의 가치를 상승시킬 수 있는 방법을 생각해야 한다.

신축 또는 리모델링이 요구되는 적절한 시기는 첫 번째, 건축물의 내·외장재가 노후되어 인근 건축물과 조화를 이루지 못할 때다. 두 번째, 건축물의 용도를 변경하고자 할 때다. 세 번째, 기존설비가 노후되었거나 인터넷 등 새로운 정보통신시설이 필요할 때다. 네 번째, 유지·보수 비용이 과하다고 판단될 때다. 다섯 번째, 에너지 비용이 부담스럽거나 임대율을 올려 임대수익을 높이고 싶을 때다. 여섯 번째, 재건축하기에는 경제적 이익이 없다고 판단될 때다. 그중 하나가 꼬마빌딩 투자에 있어서 출구전략이 될 수 있다. 그리고 신축보다는 리모델링을 하는 것이 공사 기간도 짧을뿐더러 비용도 절반가량이면 충당이 가능하다. 비용절감이 되기도 하고 공사기간이 짧다는 장점이 있기 때문에 많은 건물주가 꼬마빌딩 리모델링을 선호한다.

꼬마빌딩의 가치를 높이는 엘리베이터

—

엘리베이터는 꼬마빌딩의 가치를 높이고 사용자의 편리성을 확보하기 위한 필수 아이템이다. 보통 예비 건축주가 상가주택 신축을 하기 전에 엘리베이터를 설치할지 말지 고민을 한다. '4~5층은 계단만으로 충분히 감당할 수 있는데 엘리베이터를 설치할 필요가 있을까?'라는 생각을 할 수 있다. 엘리베이터는 가격이 수천만 원 이상 하는 고가 품목이기 때문이다.

사용자의 관점에서 보면 엘리베이터가 꼬마빌딩에 왜 필요한지 바로 답이 나온다. 상가주택의 경우 상층부 주택은 엘리베이터가 없는 경우 이동이 불편하다. 해당 주택의 입주 수요가 줄어들고 공실일 가능성이 높아지는 것이다. 만약 엘리베이터가 없으면 임대료를 낮추어야 할지도 모른다. 엘리베이터가 필요한 이유는 단적으로 이사할 때 나타난다. 한마디로 편리하다는 것이다. 다세대 주택의 경우 건물간의 간격이 좁기 때문에 이사를 할 때 엘리베이터를 이용할 수밖에 없다.

엘리베이터가 없는 꼬마빌딩의 경우 주변에 엘리베이터를 보유한 꼬마빌딩보다 공실 리스크가 크다. 상가 빌딩의 경우 오피스로 사용하기 때문에 엘리베이터는 필수다. 건축주는 엘리베이터를 설치함으로써 건물의 가치를 높일 수 있고 향후 매도 시점에도 엘리베이터 없는 건물과 비교해서 가격 경쟁력이 높기 때문에 건물주가 원하는 가격으로 건물을 팔 수 있다.

엘리베이터를 설치하고자 마음 먹었다면 신축하기 전 엘리베이터 업체를 알아봐야 하고 실제로 미팅을 통해서 제품의 장단점을 들어보아야 한다. 각 엘리베이터 회사의 각 영업사원과 미팅 후 받은 브

로슈어로 꼼꼼히 비교해야 한다. 엘리베이터는 설치부터 유지보수까지 건축주가 신경 씨야 할 것들이 많고 중요하다.

첫 번째, 엘리베이터 설치가격이다. 브랜드와 탑승인원에 따라 다르지만 7인승 기준 대략 4,000만 원(부가세 별도) 정도 소요된다. 이사 등을 고려했을 때 정사각형 모양이면서 천정이 높을수록 사용 편의성이 높아진다.

두 번째, 유지보수다. 엘리베이터는 유지관리업체를 통해서 유지보수가 필요하다. 비용은 10만~15만 원 수준이다.

세 번째, 승강기 화재보험이다. 꼬마빌딩에 설치된 엘리베이터는 승강기 화재보험에 가입해야 하며 미가입 시 과태료가 부가된다.

네 번째, 승강기 관리인이다. 승강기 관리인을 지정하여 정기적으로 승강기 교육을 이수해야 된다. 보통 건축주가 본인 이름으로 지정하여 진행한다.

이렇게 꼬마빌딩 출구전략을 통해 건물에 트렌드를 입히기 위한 방법에는 신축, 리모델링, 엘리베이터 등이 있다. 무엇을 하든 믿을 만한 업체를 잘 만나면 신경을 덜 쓰고 수월하게 건물가치를 최대한 끌어올릴 수 있다. 그러니 무조건 가격이 저렴한 건축사나 시공사보다는 어느 정도 비용이 들더라도 최대한 검증된 업체를 정하는 것이 중요하다.

꼬마빌딩 투자 시 살펴봐야 할
레버리지 효과

건물별로 투자전략이 다른데 '꼬마빌딩' 특성을 고려해 살펴봐야할 레버리지 효과에 대해 설명하겠다. 꼬마빌딩이란 5층 이하의 상가혹은 다가구 주택을 의미하며 연면적으로 살펴보면 300평 이하의 매물에 해당한다. 규모가 비교적 작아 '꼬마'라는 이름이 붙어진 소규모빌딩인 만큼 부동산 투자를 하려는 소액 투자자가 많다.

꼬마빌딩은 4~5층 정도 높이의 건물로 상가밀집건물이며 시가100억 원 이하, 연면적이 1,000m² 이하의 건물이다. 꼬마빌딩의 거래량은 요즘 들어 부쩍 많이 늘고 있어 이전보다 50%가량 증가했다고 볼 수 있다.

꼬마빌딩의 경우도 다른 빌딩과 마찬가지로 당연하게 시세차익및 임대로 불로소득을 얻을 수 있다. 코로나19가 창궐할 때와 같은특수상황에는 실질적으로 임대수익을 제대로 챙기기가 어렵다고 볼수 있지만, 꼬마빌딩이 있다면 그 특성상 상권 자체가 어느 정도 살아 있는 곳이기 때문에 충분한 가치가 있다. 따라서 어려운 시기에도 또다시 새롭게 부각되고 있다.

꼬마빌딩의 거래량은 10억~50억 원의 건물이 전체 매매건수의 57%를 차지한다. 빌딩거래의 상위지역을 보면 마포, 송파, 용산이 순위권에 있다. 꼬마빌딩은 아파트보다 규제가 덜하기 때문에 70~80%까지 대출이 가능하여 레버리지 효과가 가능하다. 종합부동산세가 부과되지 않기 때문에 여러 개를 보유해도 중과세 또한 없다. 증여할 때는 기준시보다 60% 이상 낮게 측정되기 때문에 부과세액이 적다.

더 자세하게 알아보면 첫 번째, 유동인구를 잘 따지며 역세권인지 입지를 확인해야 한다. 두 번째, 꼬마빌딩을 고를 때 대로변의 폭이 좁은 곳의 건물을 골라야 사람들이 많이 몰린다. 세 번째, 리모델링을 통한 공실률을 낮추면 해당 입주하는 업주에 대한 파급력은 분명히 있기 때문에 리모델링이 중요하다. 네 번째, 지역의 개발관련 정보를 어느 정도 숙지하거나 이해해야 한다. 저평가된 것을 잘 골라내면 그만큼 유리하다. 다섯 번째, 상가비중이 높은 것을 선택해야 한다. 부동산 매매를 통해 꼬마빌딩을 매입할 수도 있지만, 경매를 통해 시세보다 더 낮게 평가된 꼬마빌딩을 매입한다면 수익은 그만큼 커진다. 경매를 통해 기준시가보다 60% 낮게 측정된 금액, 또는 그보다 낮은 금액으로 투자가 가능하다. 그리고 리모델링이나 엘리베이터 설치 등을 통해 빌딩의 가치를 높이면 의외로 큰 시세차익을 기대할 수 있다는 것이 꼬마빌딩 투자의 핵심요소다.

경매로 꼬마빌딩을 구매할 때
주의해야 할 사항은?

부동산 대책으로 꼬마빌딩의 매수세가 계속 강해지고 있다. 기존의 3~5% 수익이 나오는 꼬마빌딩은 홀대받기에 십상이었지만 지금은 없어서 못 파는 시점이 되었다. 여기서 주의해야 할 것은 상가와 다르게 수익률을 기준으로 꼬마빌딩을 본다면 업자들에게 당할 수 있으니 조심해야 한다는 점이다. 대표적으로 메이크업이라는 용어를 쓰면서 꼬마빌딩을 예쁘게 포장해서 수익률 좋은 고가의 매물로 만드는 행위가 있다. 그중에서 임대료를 올리는 편법을 이야기해보겠다.

첫째, 3~6개월 동안 임대료를 내지 않아도 되는 렌트프리로 임차인을 유치하거나 혹은 임차인에게 인테리어 비용을 전액 지원해주고 고가의 임대료로 돌려받는 경우다.

둘째, 건물 임차인이 임대인과 특수관계

렌트프리
약정한 기간 상가, 사무실 등을 공짜로 빌려 주는 무상임대인 사례다. 이 경우 임차인과 임대인은 서로 사전에 높게 임대료를 설정하여 건물의 수익률을 포장한 후 높은 시가에 매도한다. 1~2년 뒤 임차인과의 계약이 종료되고 이전하게 되면 건물은 공실로 남아 매수자에게 금전적 손해를 끼치게 된다. 이런 사례는 곳곳에서 빈번히 발생하고 있다. 요즘같이 꼬마빌딩 수요가 높아진 때에 이런 허위 매물이 돌고 있으니 주의해야 한다.

셋째, 건물의 수익률을 예쁘게 포장해서 아무것도 모르는 투자자에게 고가로 매물을 넘기는 수법이다. 시작부터 사기 칠 생각으로 임대인과 건축주가 일정 기간 활성화된 건물을 보여주고 6개월~1년 정도 있다가 전부 휴업, 폐업하거나 계약을 종료하는 전형적인 사기 수법이다. 꼬마빌딩 투자 시 주변 임대 시세보다 높은 금액으로 월세가 구성되었다면 한 번쯤 의심하고 임대차 관계 여부를 밀도 있게 파악해야 한다. 가장 중요한 것은 건물주가 왜 꼬마빌딩을 파는지 그 이유를 아는 것이다.

예를 들어, 관리의 어려움, 높은 채무액, 상속에 의한 분할, 갈아탈 물건을 매입한 상태, 공동투자자들과 분쟁 등 이런 사항을 중개사를 통해 자세히 파악해야 한다. 등기부등본을 꼼꼼히 살펴보는 일도 잊어선 안 된다. 꼬마빌딩을 구매할 시 필수로 체크해야 할 사항은 다음과 같다.

첫째, 내가 사려고 하는 건물과 동일한 스펙을 가진 건물의 최신 매각 사례를 3곳 이상 확인해본다.

둘째, 주변 임대 시세를 확인한다. 시세 대비 임대료가 저평가된 건물의 수익이 높다. 그러기 위해서는 중개사에게 임대료 조사를 요청해야 하며 임대 시세도 본인이 꼭 확인해야 한다.

셋째, 건물 등기부 등본에 거래명세, 채무 현황, 전세권 및 기타사항이 설정된 것을 확인해야 한다.

넷째, 건축물대장 용도, 면적, 주차장 주차대수도 불법으로 기재되어 있는지 확인해야 한다. 만약 주차가 3대 가능하다고 표기되어있어 계약을 했더니 실제로는 1대만 가능하고 2대의 주차 자리에 임차인이 위반건축물을 지어서 영업하고 있다면, 위반건축물 철거 때문에 임대수입이 줄어들 수도 있다. 건물 건축 여부도 확인이 안 되어 있다면, 위반건축물로 이행강제금이 발생하기 때문에 이것도 주의해야 한다.

다섯째, 토지대장을 확인하여 공법규제, 지구단위 규제가 묶여 있는지 확인해야 한다. 용도지역 1종인지, 2종인지 확인하고 대지 모양을 정확하게 인지하고 지구단위 계획에 걸려 있는지 확인하는 것도 필수다. 구청을 방문하거나 구청홈페이지 확인을 통해 신축 가능한지도 확인해야 한다. 신축이 되는 줄 알고 매입을 했다가 옆 건물과 공동개발로 묶여 있어서 팔지 못하는 경우도 종종 있으니 주의해야 한다.

여섯째, 전체 근린생활시설로 매입해야 대출이 80%까지 가능하며 공동담보 가능한 것이 있다면 추가 대출도 가능하다. 등기사항전부증명서, 건축물대장, 토지이용계획, 주변 매매 시세, 주변 임대 시세와 공실률을 체크해보면 더욱 안전한 건물 구매가 가능하다. 이보다 중요한 것은 수익률이 높으면서 동시에 안정적인 상품은 시장에 나오지 않는다는 점을 인지하는 것이다. 즉, 나에게까지 기회가 오지 않는다는 것이다. 본인은 아무것도 하지 않고 남의 이야기만 듣고 꼬마빌딩에 투자하면 투자 손실을 피할 수 없으니 스스로 부동산 전문가가 되어 합리적인 투자를 해야 한다.

왜 꼬마빌딩에
투자해야 하는가?

왜 꼬마빌딩에 투자해야 하는지 그 이유를 정확하게 모르고 넘어가는 일이 많다. 하지만 무언가에 투자를 할 때 그 메리트를 짚고 넘어가는 것은 중요한 일이다. 부동산 경매 감정가 2억 원인 꼬마빌딩이 11억 원에 낙찰된 숨겨진 비밀을 예시해 보겠다. 경매 물건은 경기도 성남에 있는 3층짜리 꼬마빌딩으로 감정가 단돈 2억 원대에 부동산 경매가 진행되었다. 물건의 토지는 매각 제외이며 건물만 나온 물건이다. 최초 토지와 건물 주인이 같아 법정지상권이 성립되는 물건이다. 건물 면적은 106평이며, 1층부터 3층까지 사무실로 사용하고 있다. 추가로 6평짜리 옥탑 건물을 물탱크실로 사용 중이고 창고 10평도 매각에 포함되어 나왔다.

건물은 2011년에 사용 승인되어 약 10년 정도 운영되었다. 법정지상권 물건 중 건물만 나온 케이스로 큰 수익을 예측하기 어려운 상태다. 여기서 중요한 부분은 토지제외 건물만 경매로 나온 반쪽짜리 물

소재지	경기도 성남시 수정구				
도로명주소	경기도 성남시 수정구 달래내로				
물건종별	근린주택	사건접수	2020.04.20	경매구분	강제경매
대지권	토지 매각 제외	소유자	○○○○○○○	감정가	241,073,740
건물면적	351.91㎡(106.45평)	채무자	○○○○○○○	최저가	(100%)241,073,740
배당종기일	2020-06-29	채권자	권○○	보증금	(10%)24,107,374
매각조건	건물만매각, 대항력 있는 임차인				

입찰진행내용

구분	입찰기일	최저매각가격	결과
	2020-10-05	241,073,740	변경
	매수인: / 입찰인원: 4명 / 2등입찰가: 451,350,000원 / 낙찰금액: 1,150,000,000원(477%)		
신건	2020-10-05	241,073,740	매각
	매수인: / 입찰인원: 4명 / 2등입찰가: 451,350,000원 / 낙찰금액: 1,150,000,000원(477%)		
	대금지급기한: 2020-11-17 진행		

대장옥션을 통해 본 실제 낙찰받은 성남시 수정구 경매 물건 정보.

건이 감정가 2억 4,000만 원 대비 477%나 높은 11억 5,000만 원에 낙찰이 되었다는 점이다. 토지는 제외하고 건물만 나온 물건이 어떻게 감정가 대비 477%나 높은 입찰가로 낙찰받았는지 그 이유를 확인해보겠다.

감정가 2억 원대인 꼬마빌딩이
왜 11억 원대에 낙찰?

—

물건지 임장을 다녀온 결과, 건물은 2011년에 준공되어 외관상 컨디션은 그리 나쁘지 않았다. 하지만 성남시 수정구 상업지역에 있는 꼬마빌딩도 토지포함 평당 5,000만 원 정도의 시세를 형성하고 있는데, 건물만 사고도 한참 비싼 11억 원대에 낙찰받았다는 것은 쉽게 예측하기 어려웠다. 물건지 주변은 전(밭), 답(논), 과(과수원)가 뒤섞여 있어 일반거주로 사용하는 것은 불편할 수 있는 상태였다.

여기서 성남 금토지구를 뉴딜 시범도시로 조성하는 사업 계획이 있는데 주변 토지 시세는 평균적으로 평당 500만 원이었다. 100평을 구매하면 약 5억 원가량이 소요된다. 여기에 건축업자 가격으로 건축비를 평당 300만 원으로 가정하여 100평대 건물을 신축한다면 약 3억 원이 소요된다. 총 10억 원이 안 되는 비용으로 토지와 건물을 동시에 소유할 수 있는 것이다.

그런데 왜? 감정가 2억 원 대에 토지 제외하고 건물만 나온 물건을 477%나 더 비싼 11억 원대를 주고 매입한 것일까? 감정가 2억 4,000만 원인 물건을 실수로 11억 5,000만 원에 낙찰받았다는 것은 상식적으로 이해가 안 된다. 실수였다면 앞자리가 숫자 '1'이 아닌 '2'가 되어야 한다. 즉, 24억, 30억, 40억 등으로 적어야 하는데 낙찰금액을 11억 5,000만 원으로 적었다는 것은 의도적으로 고가 입찰을 한 것으로 보인다.

실제로 낙찰받은 성남시 수정구 물건의 전경.

앞서 말했듯이 성남 금토지구를 뉴딜 시범도시로 조성한다는 계획이 있다. 뉴딜 시범도시를 쉽게 이야기하면 비대면 산업을 육성하고 보다 폭넓은 인프라를 구축해 혁신 일자리를 창출하며 신혼부부의 주거안정을 위해 계획한 도시를 말한다. 2023년까지 약 1조 4,000억 원 이상을 투입하여 첨단 일자리 창출과 함께 무주택자 주택공급, 신혼부부 주거안정 등을 위해 맞춤형 주택 3,600여 세대를 공급한다는 내용이다.

이 사업은 2018년 8월 지구지정되었으며, 한국토지주택공사, 경기 및 성남시가 협업하여 사업 시행을 진행할 예정이다. 이 사업 지구에는 12월부터 토지보상이 진행됐고 물건의 낙찰자는 잔금 납부와 동시에 보상 협의를 할 수 있게 된다. 참고로 뉴딜 시범도시 범위 안에 있는 부동산은 토지뿐만 아니라 건물도 보상할 수 있다. 물건의 차순위가 4억 5,000만 원 대로 높은 이유 또한 보상이 가능한 매물이기 때문이다.

이번 개발 사업지구 안에 있는 토지는 현금청산 대신 별도의 토지보상으로 대처할 수 있지만, 지상에만 재산권이 형성되는 건물의 경우는 전액 현금청산 대상이다. 감정가 2억 4,000만 원 건물을 낙찰가 11억 5,000만 원에 받았으니, 최소 11억 원 이상은 보상받아야 하는데 주변 시세 대비 보상액은 낙찰가액에도 못 미칠 수 있다. 결국 개발 보상을 목적으로 의도적인 고가 낙찰은 아니라는 이야기가 된다.

물건을 보면 강제경매 물건으로 청구금액 1,000만 원 때문에 경매가 집행되었다. 채무자는 경매에 참여하지 못하니 연관성이 있는 지인에게 부탁하여 고가 낙찰을 의도한 것으로 볼 수도 있다. 그래야 경매에 이의소송을 제기하여 취하 및 채권 변제를 통해 경매를 중지할 수 있다는 계산이다. 소유주와 낙찰자가 연관성 있는 사람으로 보인다. 만약 다른 누군가 낙찰받고 매각허가결정이 끝나자마자 잔금을 납부해 버리면 취하할 수 없을 수 있으니, 하나의 방법으로 대리입찰을 진행한 것으로 보인다. 아니면 잔금을 전액 납부해도, 1,000만 원 채권금을 변제하고 남은 낙찰대금은 전액 소유자가 배당받게 되니, 고가 낙찰을 해도 크게 문제가 되지 않는 것으로 보인다.

결론적으로 1,000만 원 때문에 채무자와 채권자 간 갈등이 있어

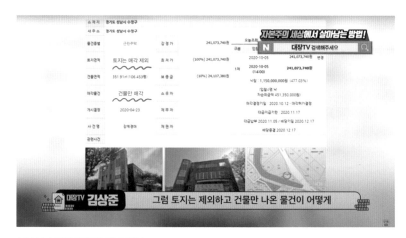

성남시 수정구 물건의 사건 정보.

"해볼 수 있으면 해봐" 이런 식으로 버티다가 진짜로 강제경매가 진행되었을 가능성이 크다. 강제경매는 취하가 어려우니, 소유자가 지인을 통해 고가 낙찰을 받아 채권 변제 및 이의소송 제기 등을 활용하여 최소한의 방어 입찰을 진행했다고 볼 수 있다. 이 경매 물건의 위치는 위에서 밝힌 대로 뉴딜 시범도시 안에 있고, 토지 및 건물 전부를 보상받을 수 있다. 따라서 소유자는 어쩔 수 없이 시세보다 높은 11억 원에 방어 입찰한 것으로 보인다.

여러 상황을 고려할 수 있는
시야와 안목을 길러야
—

총 네 가지 설정으로 고가 낙찰된 스토리를 예측해보자. 첫째, 실사용을 위해 고가 낙찰을 받는 경우다. 임장 활동을 통해 확인한 결과 해당되지 않는다. 둘째, 법원에서 입찰가 작성 시 모르고 숫자를 하나 더 써 쓴 경우다. 감정가 2억 원이면 무조건 20억 원, 30억 원으로 낙찰이 되어야 하는데 현재는 10억 원대이니 이 또한 해당되지 않는다. 셋째, 재개발 사업에 투자를 목적으로 고가 낙찰된 경우다. 보상금액이 한정적으로 적용될 수 있으니 이 역시 가능하지 않다. 넷째, 주변 지인을 통해 대리로 낙찰받는 경우다. 강제경매를 취하하려는 목적으로 낙찰을 받는 것인데 이 경우는 일정 부분 가능할 수 있다.

경매 물건은 선순위 근저당 10억 원대가 설정되어 있다. 1,000만 원 때문에 강제경매를 신청한 사람은 후순위라 한 푼도 배당받지 못할 수 있는데 군이 왜 경매집행비용까지 지불하면서 강제경매를 신청한 것일까? 그리고 강제경매 특성상 소송을 통해 법정 공방까지 진행하게 된다면 최소 1년 많게는 2~3년 정도 시간이 지나야 경매가 진행된다. 하지만 이 물건은 강제경매 개시 결정이 2020년 4월에 진행되어 불과 1년도 안 되어 초단기로 경매가 집행되고 낙찰되어 잔금까지 납부한 상태다.

만약 채권자와 채무자가 친분을 가지고 어떤 목적을 위해 강제경매를 일부러 진행한 것이라면 상황은 어떻게 바뀔까? 현재 채무자가 뉴딜 시범도시 인에 있는 건물과 토지를 가지고 있어 보상 협상 중에 건물의 가치는 감정가대로 2억 원 대에 보상을 받게 된다. 하지만 이를 경매에 붙여 보상받는 협상 기간을 지연시킨 후 11억 원대에 고가 낙찰을 받게 된다면 상황은 180도 바뀐다.

낙찰 후 다시 협상하면 감정가 2억 원이 아닌 경매에 낙찰된 건물의 가격인 11억 원을 가지고 보상 합의점을 찾고 다시 협상하게 된다. 협상의 전체적인 판이 바뀌게 되는 것이라 기존 2억 원의 보상이 아닌 낙찰가 11억 원에 대한 보상이 나간다면 9억 원이라는 추가 보상금을 받게 된다. 여기까지 제시한 가정은 지극히 개인적인 소견이니 참고만 하면 된다. 부동산 경매에 있어 고가로 낙찰된 물건이라면 그 이유를 다양한 방향으로 살펴볼 수 있다. 고가 낙찰된 부동산 경매 투자를 자세히 분석하면서 살펴보면 여러 가지 측면에서 상황을 고려할 수 있는 시야와 안목을 기를 수 있다.

소액으로 투자할 수 있는
꼬마빌딩도 있다

서울특별시 마포구 홍대입구역에 소액으로 투자할 수 있는 꼬마빌딩이 부동산 경매로 나와 있어 물건의 수익성을 검토하면서 소개해보겠다. 물건은 마포구 동교동에 있는 근린시설이다. 즉, 토지의 가치를 온전히 사용할 수 있는 물건이다. 토지면적은 29평이며 건물 면적은 17평이다. 토지와 건물을 일괄매각하면서 감정가 6억 4,300만 원대에 시작하는 신건 물건이다. 경매 물건 면적은 15.8평으로 단층 구조이며 근린생활 시설로 등재되어 있다.

건물 창고 및 주방 일부는 각 1평 정도로 구성되어 있다. 사용승인이 1965년으로 지은 지 56년 된 낡은 건물이다. 건물의 감정가 또한 전체 350만 원으로 측정되어 건물값은 그냥 없는 것으로 생각하면 된다. 즉, 온전히 토지만 감정한 가격이다. 가장 중요한 권리분석을 해보겠다. 건물등기 및 토지등기부 전부 2017년 8월에 설정된 최초 권리 근저당이 말소기준권리 이하 후순위로 설정되어 낙찰자가 별도 인수할 권리가 없는 깨끗한 물건이다. 경매 물건 부동산에 사는 임차인도 권리분석을 해야 한다. 임차인 현황을 보니 별도 전입한 임차인이 없어 대항력이 없는 물건이다. 전체적인 권리사항은 별다른 장애가 없이 깨끗하다고 볼 수 있다.

마포구 홍대입구역, 저렴한 가격과 입지성

—

이 부동산은 크게 두 가지 장점이 있다. 첫 번째 장점은 29평 토지가 평당 2,000만 원대에 경매가 나왔다는 점이다. 주변 시세를 밸류맵으로 확인해보면 단독 다가구 기준 2019년에 3,200만 원대에 거래된 이력이 있다. 그 외 2021년에는 평당 4,700만 원대에 거래된 이력도 있다. 결론적으로 현재는 주변 시세와 비교해 평당 약 2,000만 원정도 저렴한 시세로 경매가 진행 중이다. 이렇게 본다면 경매 시작부터 이기고 들어가는 안전 이윤으로 인해 더 높은 수익을 만들어낼 수 있다.

두 번째 장점은 희석되지 않는 입지성이다. 현재 부동산은 건물등기부 등본에는 주택으로 등재되어 있으나, 건축물대장상에는 제2종 근린생활시설로 용도가 변경되어 있다. 이렇게 공적인 장부 두 개가 다를 경우는 어떤 서류를 기준으로

밸류맵
토지와 빌딩의 시세와 실거래가, 설계, 대출, 매물 등이 등록된 인터넷 지도 사이트.

정할까? 우선 등기부등본과 건축물대장이라는 2종의 공적인 장부 특성에 대해 말해 보겠다. 등기부등본은 부동산의 소유권 및 각종 권리에 관한 내용을 기록한 장부로 법원이 관리한다. 반면 건축물대장은 용도, 면적, 구조 등 내용을 담고 있으며 행정자치부가 관리한다.

그러니 건물의 물리적 현황에 관한 내용은 건축물대장을 우선시하며, 그 외 소유권 등 권리관계는 등기부등본을 우선시한다. 부동산의 용도를 결정짓는 것은 건축물대장이다. 이 부동산은 건축물대장에 근린생활시설로 기재되어 있다. 경매 물건은 취득세 중과 없이 4.6% 단일세율이며, 경락대출 또한 80% 정도 실행할 수 있다. 무엇보다 주거용 부동산이 아니어서 주택 수 산정에서 제외된다.

노후주택은 리모델링을 통해
새로운 가치를 부여하라

—

근린시설 매입 시 핵심인 도로 부분을 체크해보면 부동산에 진입하는 데 도로가 굉장히 협소하다. 이러면 건축법상 4m 도로가 인접하지 않아 신축 및 재건축에 허가를 받기 어렵다. 또한, 레미콘 차량과 대형 트럭이 진입할 수 없어 건축이 불가하다. 우선 이 지역의 관할 지자체에 문의한 결과 신축 및 재건축은 불가하다는 답변을 받았고, 그 외 마감재 변경과 내부 리모델링은 충분히 가능한 것으로 확인되었다.

요즘 서울특별시는 가꿈주택이라는 노후주택 리모델링 사업을 추진하고 있다. 이 사업을 활용하면 최대 50% 리모델링 비용까지 지원받을 수 있다. 즉, 부동산 개축 및 리모델링을 통해 새로운 가치를 부여하여 임대수익 및 지가 상승, 두 마리 토끼를 전부 잡을 수 있다. 신축이 아닌 구축의 느낌을 살리면서 가성비 높은 상업 시설로 탈바꿈을 시도하면 좋다. 요즘 노후주택을 개조하여 상업용 시설로 변경한 곳은 더욱 운치 있고, 실소비자들에게 만족도가 높아 호평을 받기도 한다.

통상 노후주택 리모델링이 적합한 경우는 재건축 시 용적률에 못 미칠 때나 소액으로 투자를 진행할 때다. 이렇게 리모델링을 통해 상업용 시설이나 셰어 하우스 등으로 용도를 변경하면 수익 창출이 가능하다.

노후주택 리모델링 시 주의점은 벽을 허물거나 대수선을 할 때 뼈대 전체에 심각한 문제를 초래할 수 있다는 사실이다. 구조안전진단을 받아 크고 작은 사고를 미리 방지하며 리모델링하는 것이 관건이다. 시작부터 이기고 들어간 토지 시세차익 3억 원, 거기다 노후주택 리모델링 후 수익률을 예상하면 최소 6% 이상인 나만의 꼬마빌딩을 만들 수 있다. 홍대입구역에서 도보 10분 거리에 6억 원대로 나만의 꼬마빌딩을 매입할 기회는 그리 흔하지 않다.

여기까지 홍대입구역 부근에 나와 있는 근린시설물건의 권리분석 및 임장까지 전체적인 사항에 관해 이야기했다. 부동산 경매의 시작은 소액에서 하는 것이 맞다. 그 누구도 소액경매를 거치지 않고 정상에 오를 수 없다. 지금 내 종잣돈 안에서 당장 소유할 수 있는 부동산을 통해 부동산 인사이트를 키워야 한다. 현 시대에는 투자를 하는 것보다 투자를 준비하지 않는 것이 더 위험하다.

PART
05

꼬마빌딩 투자전략,
직접 실행해야
성공이 보인다

숨겨진 비밀을 알면
두 배 이상 가치가 높아진다

숨겨진 비밀을 알면 두 배 이상 가치가 높아지는 물건이 경매에 나와 소개한다. 서울특별시 구로구 오류동에 있는 이 건물의 임대수익률을 계산하면서 부동산 경매 물건을 검토해보겠다. 현재 월세 수익은 연간 4,320만 원으로 월세 360만 원인 상가가 있다. 22억 원 매입기준 수익률은 2%다. 연간 월세 수입 4,320만 원을 매입가인 22억 원으로 나눈 후 상수 100을 곱하면 수익률이 나온다. 수익률상으로 큰 매력이 없는 물건이다. 네이버부동산을 통해 임대료를 확인해보니 평당 6만 원대다. 현재의 월세는 평단가 6만 원과 평수인 60평을 곱하여 얻은 값이다. 볼품없어 보이는 물건이지만 땅의 가치가 높은 상업지역에 자리 잡고 있다.

두 가지 매력 포인트,
평당 가치와 전입 인구

—

이 건물의 숨겨진 매력 포인트는 두 가지다. 첫 번째 매력 포인트는 이윤이 높다는 것이다. 벨류맵을 통해 최근 5년간의 거래를 살펴보면 최소 평당 6,000만 원의 가치가 있었다. 현재 50평 기준 21억 원에 출발하는 물건으로 평당 4,000만 원에 진행하면 최소 평당 2,000만 원 이상 이익이 가능한 물건이다. 50평당 5억 원의 안전 이윤 확보가 가능한 물건이니 잘 검토해볼 필요가 있다. 두 번째 매력 포인트는 '씨:리얼_{SEE:REAL}' 지도를 통해 확인해본 결과 이곳은 전입 인구가 높은 지역이라는 점이다. 주변 건물은 최소 5층으로 건축되어 있지만, 이 건물은 2층으로 토지의 가치를 충분히 활용하지 못하고 있다. 일반상업지역은 통상 건폐율 70% 이하, 용적률 최소 300% 이상으로 건축이 가능하다.

즉, 토지면적 50평 기준, 용적률 최소 300%를 적용받으면 150평을 건축할 수 있는데 현재 이 건물의 건축면적은 60평으로 대단히 저평가된 부동산이다. 임장을 위해 네이버 이미지를 보았는데 2020년 10월 기준 1층 일부 및 2층 전체를 의류 브랜드인 '크로커다일' 매장이 사용하고 있었다. 매장 업주를 만나 이야기도 나누어 보았다. 매장 업주는 상업지역 끝에 자리 잡고 있지만 유동인구가 많아 수익성은 높음에도 불구하고 재계약하지 않고 이전할 계획이라고 했다. 이 업주는 명도비용을 높게 이야기했다.

소재지	서울특별시 구로구 오류동				
도로명주소	서울특별시 구로구 경인로				
물건종별	근린시설	사건접수	2019.10.22	경매구분	임의경매
대지권	165㎡(49.91평)	소유자	이○○	감정가	2,109,676,000
건물면적	200.44㎡(60.63평)	채무자	박○○○○○	최저가	(100%)2,109,676,000
배당종기일	2020-01-22	채권자	오○○○○○○○○○○	보증금	(10%)210,967,600
매각조건					

입찰진행내용

구분	입찰기일	최저매각가격	결과
	2020-09-03	2,109,676,000	변경
신건	2020-10-22	2,109,676,000	매각

매수인: / 입찰인원: 2명 / 2등입찰가: 2,155,520,000원 /
낙찰금액: 2,169,676,000원(103%)

대금지급기한: 2020-12-04 납부(2020.11.11.)

대장옥션을 통해 본 서울특별시 구로구 오류동 물건의 사건 정보.

이 물건의 전경 모습.

이때 출구전략에는 두 가지가 있다. 첫 번째 출구전략은 토지에 가치를 온전하게 사용하고 있지 않으니 전체 명도^[명도] 후 리모델링을 통해 기존 건축면적 60평을 150평으로 상향하는 방법이다. 임대수익 구성 후 최소 1.5배 매도 차익을 실현할 수 있다. 두 번째 출구전략은 인근 건물 신축 건물주에게 매각하는 것이다. 이 건물 뒤에 160세대의 오피스텔을 신축 중이다. 이 건물이 조망권을 해치고 있고, 진·출입에 애로가 있다며 대단지 오피스텔 측이 땅과 건물을 매입하고 싶다는 의견을 갖고 있다는 사실을 임장 활동을 통해 확인했다. 평당 4,000만 원대에 최저가 낙찰 후 주변 시세 평당 6,000만 원보다 저렴한 5,500만 원대에 협상 진행하더라도 단기 시세차익 최소 5억 원을 확보할 수 있다.

> **명도**
> 토지, 건물 또는 선박을 점유하고 있는 자가 그 점유를 타인의 지배하에 옮기는 것

부동산 경매는 진흙 속에 숨겨져 있는 진주를 찾는 게임

결론적으로 부동산 경매는 진흙 속에 숨겨져 있는 진주를 찾는 게임이다. 낙찰 후 리모델링을 통해 건축면적을 현재보다 최소 2배 이상 늘린 후 임대차를 구성하면 현재 임대료 대비 최소 2배 이상의 가치가 올라간다. 수익률이 기존 2%대에서 약 6%대까지 우상향할 수 있다. 토지를 저렴하게 낙찰받고 지가 상승을 통한 이익과 임대료 수

익까지 두 마리 토끼를 잡을 수 있다. 주변 토지 주인과 적절한 협상을 통해 새로운 출구전략을 만들어낼 수도 있다. 그러니 부동산을 볼 때 현재 상황만 고려하지 말고 건물이 깔고 앉아 있는 토지가 가치를 전부 사용하고 있는지 꼭 체크해야 한다.

가치가 뛰어난 부동산을 보는 시야와 안목은 하루아침에 생기지 않는다. 끊임없는 실패와 도전을 통해 자연스럽게 몸으로 습득하게 된다. '생각하는 대로 살지 않으면, 사는 대로 생각하게 된다'는 사실을 명심해야 한다. 그러니 지금 당장 실현 가능한 작은 목표를 잡고 전진해 나가면 자연스럽게 몸으로 부동산을 평가하는 안목을 습득하게 될 것이다.

폐가 건물,
알고 보니 숨은 보물상자?

    부동산 경매 투자에 실패하는 가장 큰 원인은 욕심을 부리기 때문이다. 반대로 가장 큰 성공의 원칙은 작은 성공을 만들면서 부동산 경매 투자 근육을 기르는 것이다. 부동산 경매 감정가 260만 원짜리 폐가가 무려 2억 원에 낙찰된 숨은 보물상자 같은 이야기를 공개한다. 경기도 성남에 있는 폐가가 경매에 나왔다. 폐가란 집이 허물어져 있고 누군가가 살다가 오래된 공실로 남겨져 있는 집을 말한다. 대부분의 폐가는 농사하다 대가 끊긴 시골이나 재개발 구역 등에 존재한다.

감정가 260만 원의 폐가,
1억 6,000만 원에 낙찰?
—

    다 쓰러져 가는 폐가가 감정가 260만 원으로 경매에 나왔다. 또한,

소재지	경기도 성남시 수정구				
도로명주소	경기도 성남시 수정구 금토로				
물건종별	주택	사건접수	2019.03.26	경매구분	임의경매
대지권	-	소유자	이○○	감정가	2,606,810
건물면적	29.53㎡(8.93평)	채무자	이○○	최저가	(100%)2,606,810
배당종기일	2019-06-07	채권자	권○○	보증금	(20%)521,362
매각조건					

입찰진행내용

구분	입찰기일	최저매각가격	결과
	2019-11-04	2,606,810	변경
	2020-03-09	2,606,810	변경
신건	2020-04-13	2,606,810	매각
매수인: / 입찰인원: 19명 / 2등입찰가: 172,222,220원 / 낙찰금액: 230,000,000원(8,823%)			
대금지급기한: 2020-05-27 미납			
신건	2020-06-22	2,606,810	매각
매수인: / 입찰인원: 13명 / 2등입찰가: 105,000,000원 / 낙찰금액: 162,000,000원(6,214%)			
대금지급기한: 2020-08-03 진행			

대장옥션을 통한 2억 원에 낙찰된 감정가 260만 원짜리 폐가의 사건 정보.

토지는 매각 제외이고 흉물스러운 폐가 건물 약 9평만 경매 매물로 나온 것이다. 이 물건은 19대 1의 경쟁률을 뚫고 무려 2억 3,000만 원에 낙찰이 되었던 이력도 가지고 있다. 하지만 잔금 미납으로 다시 경매가 진행되었다. 이번에도 마찬가지로 13 대 1의 치열한 경쟁률 끝에 1억 6,200만 원에 낙찰되었다. 감정가 260만 원 대비 62배나 높은 금액에 낙찰된 것이다. 폐가가 왜 이렇게 높게 낙찰되었을까?

이 폐가는 신분당선 판교역에서 약 3㎞ 정도 떨어져 있다. 이 토지는 주변 시세를 고려할 때 평당 300만~400만 원 사이로 평가할 수

성남시 폐가의 외부 및 내부 모습

있는 곳이다. 물론 건물만 나온 상태라 지가는 상관이 없다. 이 토지가 있는 곳은 자연녹지 지역이라 건축행위가 건폐율 20%, 용적률이 50~100%로 제한되어 있다. 도시별로 조례에 따라 차이가 있으니 이 점은 고려해야 한다. 주거지역의 땅값이 비싸니까 이런 자연녹지 지역에 주유소나 폐차장 등을 건설하는 게 일반적이다. 즉, 토지 활용도는 가장 낮다고 생각하면 된다. 더구나 이 지역은 전체적으로 그린벨트에 묶여 있어 개발이 제한되고 있다.

폐가라고 하면 허물어야 한다는 생각에 투자자 대부분은 아예 손도 대려 하지 않는 경향이 있지만 요즘은 폐가나 흉가를 체험하는 유튜버들도 많이 생겨나고 있다. 이런 폐가를 리모델링해서 전시장이나 한옥풍 주택, 영화 촬영지로 탈바꿈시키는 사례도 있다. 이런 폐가가 황금알을 낳은 거위로 바뀌기도 하는 것이다.

기획부동산의
지분 쪼개기

───

그렇다고 감정가 260만 원짜리 폐가가 1억 6,000만 원에 낙찰되었다니 의문이 생긴다. 폐가를 리모델링하거나 사용 수익화시켜 실제로 운영하기는 어렵다. 이곳 역시 주택으로는 사용하기 힘든 곳이었다. 임장을 다녀온 결과 현재 사용 수익화가 전혀 안 되는 주택이란 사실을 확인했다. 그런데 토지는 빼고 주택만 매각으로 나와 있는 상태라니, 지금 상태로는 리모델링을 통해 추가 가치를 만들어내는 것도 어려워보였다. 일전에 성남시 수정구 금토동 임야의 기획부동산 사기가 떠올랐다.

간략하게 기획부동산을 소개하면 개발이 어려운 토지나 임야를 싼값에 사들인 후, 마치 많은 이익을 얻을 것처럼 텔레마케팅이나 다단계 방식의 영업을 통해 투자자를 유치하여 토지를 지분으로 쪼개 높은 가격에 판매하여 이익을 도모하는 것이다. 과거 한 지인이 기획부동산 사기를 당한 것은 수정구에 있는 임야였다. 기획부동산 업체는 개발 호재 건으로 부풀려 땅을 판매했는데 그 꼬임에 넘어갔다. 계약 후 알고 보니 토지는 개발제한구역에다가 고도가 높은 자리에 있어 사실상 개발이 어려운 토지였다.

더 나아가 토지를 마구 잘라서 무려 4,800명에게 지분으로 판매하여 피해를 준 사건이 있다. 대대로 물려주는 것 외에 이용할 가치가 없는 땅이었다. 전화가 걸려와 개발 호재가 있는 땅을 싸게 판다고 솔깃한 제안을 하면 반드시 정확한 토지의 소재와 지분에 대한 사항을 체크해야 할 뿐 아니라 임장을 해야 한다. 또한, 토지 위치에 있는 관할 시ㆍ군청 토지 관련 부서를 방문하고 개발 가능 여부 및 행위 제한 등이 있는지도 자세히 따져보아야 한다.

이축권에 대한
로또 같은 기대감

그렇다면 왜 감정가 260만 원의 폐가를 그보다 62배나 되는 1억 6,200만 원에 낙찰받은 걸까? 배경을 확인한 결과 선축물이 그린벨트 안에 있어 철거하면 다른 지역에 건물을 지을 수 있는 이축권이 주어진다는 사실까지 노린 투자로 보였다. 여기서 이축권이란 그린벨트 안에 있던 주택이 공익사업 등으로 철거될 경우 그린벨트 내 다른 곳에 건물을 옮겨 지을 수 있는 권리를 말한다. 단 아무 곳에나 마음대로 건물을 새로 지을 수 있는 것은 아니고, 인근 지역에 제한된 대지 면적에만 신축할 수 있다. 이 지역은 현재 별다른 개발 예정이 없어 기약은 없지만, 언젠가 공익사업을 통해 이축권이 주어질 것을 기대하고 투자한 것으로 보인다.

요즘 정부는 공급량 확보를 위해 신도시를 개발하면서 그린벨트로 묶인 지역을 조금씩 풀고 있다. 그로 인해 이축권 투자에 관심이 많아지고 있다. 결론은 언제 될지는 모르지만 수십억 원의 땅으로 탈바꿈될 것이란 기대를 하고 로또 같은 기대감으로 매입한 것으로 보인다. 부동산 경매는 단 한 번도 실패해시는 안 된다. 즉, 100% 확신이 드는 입찰가로 10번 싸워서 10번 다 이겨야 한다. 경매 투자에 실패하는 가장 큰 원인은 욕심을 부리기 때문이다. 반대로 가장 큰 성공 원칙은 작은 성공을 모아 성장하는 것이다.

공장단지 소액투자 3,000만 원으로 취득 가능한 건물

주택취득에 대한 규제가 강화되는 추세다. 그래서 공장단지 내에 3,000만 원 소액으로 투자가 가능한 건물을 예시해 보겠다. 경기도 광주 오포읍에 있는 매력적인 창고가 경매로 나왔다. 물건 종별은 근린시설이며, 토지면적은 약 200평, 건물 면적은 67평이다. 토지 및 건물 일괄 매각하며, 감정가 4억 6,000만 원부터 진행하여, 현재는 1회 유찰된 최저가 3억 2,400만 원부터 출발하는 물건이다. 토지는 총 2필지로 나뉘어 있고, 146평은 대지, 그 외 53평은 도로다. 건물은 총 2개 동이며 현황상 용도는 창고다. 제시 외 건물, 화장실, 창고 등 약 9평이 있는데 이것도 매각에 포함되었다. 개별 분리가 가능하여 경매 진행에 있어 큰 지장을 주진 않는다.

소재지	경기도 광주시 오포읍				
도로명주소	경기도 광주시 오포읍 붕골길				
물건종별	근린시설	사건접수	2020.10.26	경매구분	임의경매
대지권	661㎡(199.95평)	소유자	서○○	감정가	463,766,040
건물면적	223.94㎡(67.74평)	채무자	박○○	최저가	(49%)227,245,000
배당종기일	2021-01-04	채권자	성○○○○○○○○○	보증금	(10%)22,724,500
매각조건	대항력있는 임차인				

입찰진행내용

구분	입찰기일	최저매각가격	결과
신건	2021-06-07	463,766,040	유찰
	2021-07-12	324,636,000	변경
2차	2021-09-13	324,636,000	매각

매수인: / 입찰인원: 22명 / 2등입찰가: 513,010,000원 /
낙찰금액: 527,875,500원(114%)

대금지급기한: 2021-10-29 미납(2021.10.27.)

대장옥션을 통한 광주시 오포읍 물건의 사건 정보.

권리분석, 수익률, 평단가, 임대료 등을
따져 보자

―

　권리분석을 해보면 부동산은 집합건물이 아닌, 토지와 건물을 일
괄매각하는 물건으로 권리분석 또한 토지와 건물등기부를 동시에 살
펴야 한다. 건물등기부 및 토지등기부를 모두 살펴봤을 때 동일하게
최초 설정 권리는 2014년 근저당이다. 근저당은 말소기준권리에 부
합되어 낙찰 후 모든 권리는 소멸한다. 임차인 권리분석을 해보면 현
황상 총 4명의 임차인이 등재되어 있으며, 총 보증금액 4,000만 원에

광주시 오포읍 물건의
전경 모습.

월세 합계액은 190만 원으로 기재되어 있다.

수익률을 간략하게 계산해보자. 현황상 1년 동안 임대료를 계산해보면 월세 190만 원을 12개월간 받으니 모두 2,280만 원이다. 수익률을 계산해보면 임대료 2,280만 원을 매입가 3억 5,000만 원으로 나누어 상수 100을 곱하면 약 6.5%가 나온다. 창고 임대수익률 6% 대는 구미가 당기는 수치다. 현황상 임대료를 100% 맹신하지 말고 주변 임대료도 동일하게 구성되어 있는지 체크해볼 필요가 있다.

오포읍 주변에 현재 나와 있는 창고 임대 시세는 보증금 3,000만 원에 월세 300만 원 수준이다. 임대료 평단가를 계산해보면 건축면적이 60평으로 평단가 5만 원이다. 창고 물건은 2017년에 사용승인된 신축급이라 경매 물건과 다소 차이가 있을 수 있어 구축 임대료도 다시 확인해보겠다. 오포읍 주변 사용승인 연도가 1992년인 구축 창고가 임대로 나와 있다. 보증금 2,000만 원에 월세 180만 원 조건이

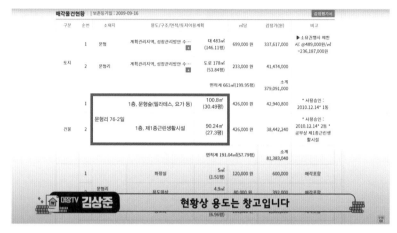

매각물건현황	부존등기일 : 2009-09-16					감정평가서
구분	순번	소재지	용도/구조/면적/토지이용계획	㎡당	감정가(원)	비고
토지	1	문형	계획관리지역, 성장관리방안 수…	대 483㎡ (146.11평)	699,000 원	337,617,000	▶ 소유권행사 제한 시: @489,000원/㎡ =236,187,000원
	2	문형리	계획관리지역, 성장관리방안 수…	도로 178㎡ (53.84평)	233,000 원	41,474,000	
			면적계 661㎡(199.95평)		소계 379,091,000	
건물	1	문형리 76-2일	1층, 문형술(필라테스, 요가 등)	100.8㎡ (30.49평)	426,000 원	42,940,800	* 사용승인 : 2010.12.14* 1동
	2		1층, 제1종근린생활시설	90.24㎡ (27.3평)	426,000 원	38,442,240	* 사용승인 : 2010.12.14* 2동 * 공부상 제1종근린생활시설
			면적계 191.04㎡(57.79평)		소계 81,383,040	
	1	문형리	화장실	5㎡ (1.51평)	120,000 원	600,000	매각포함
			용도미상	4.9㎡ (6.96평)	80,000 원	392,000	매각포함

현황상 용도는 창고입니다

광주시 오포읍 물건의 매각 현황.

다. 이 창고의 평당 임대료를 계산해보면 2만 원 정도다.

경매 물건의 건축물 사용승인은 2010년이라 평당 3만 원 정도로 측정하면 적정할 것으로 보인다. 건물 면적 67평에 평단가 3만 원을 곱해 임대료를 계산해보면 월 200만 원 정도가 나온다. 따라서 현재 경매정보지에 기재해놓은 190만 원 임대료는 오포읍 창고 주변 시세와 큰 왜곡 없이 적정선으로 보인다. 물건지 주변을 위성 지도로 보면 크고 작은 공장이 밀집해 있다. 주변 공장이 최대한 밀집되어 있어야 공장이나 창고 등의 수요는 높아지게 된다. 각종 공장이 다양한 수주와 일거리를 주고받으며 같이 상생할 수 있고, 편의시설인 식당 및 각종 기숙사 등의 인프라를 사용할 수 있기 때문이다. 경매 물건지 주변에 충분한 공장 수요가 있어 임대수요는 양호한 편이다.

통상 공장 및 창고가 큰 도로에서 약 1㎞ 반경으로 떨어져 있다면 선호도 측면에서 보수적일 수 있다. 이 경매 물건은 4차선 도로에서 약 300m 반경에 자리하고 있어 가시성도 높은 편이다. 용도지역은 공장 선호도가 가장 높은 계획관리 지역이며, 주변 태전택지개발지구 및 수도권 광역철도 공사 개발 계획까지 다양한 호재가 존재한다.

각종 호재와 수요, 용도지역, 업종 제한 등을 따져 보자

—

결론은 계획관리 지역에 자리 잡고 있어 각종 호재가 존재하고, 도로진입 부분도 양호한 편이다. 그 외 통상 창고 임대수익 4~5%가 아닌 6%대를 맞출 수 있어 매력적으로 보인다. 실제로 임장을 다녀온 결과 근접한 IC에서 물건지까지 거리가 가까워 수요는 충분할 것으로 보였다. 그 외 공장 및 창고 경매 물건에 가장 중요한 도로 폭도 여유롭게 구축되어 있어, 덤프트럭이나 대형 차량의 진·출입에 어려움이 없을 것으로 보였다. 추가로 공장 주변으로 아파트, 빌라, 다세대가 밀집되어 있는지 검토했는데 주변으로는 공장용지만 포진되어 있었다.

공장 주변에 주거지가 밀집되어 있다면 공장에서 나오는 소음 및 각종 먼지로 인해 민원이 상시 발생할 수 있다. 이렇게 되면 공장운영에 차질이 발생할 수 있어 추후 출구전략 부분에서 어려움을 겪을

광주시 오포읍 물건의 지도상
정보.

수 있다. 창고 및 공장 물건을 검토할 때 꼭 확인해야 할 사항이다. 공
장 및 창고 경매 물건을 검토하다 보면 다양한 용도지역을 만나게 된
다. 예를 들어, 생산관리지역, 농림지역, 보존관리지역, 계획관리지
역 등이다. 만약 공장 및 창고 투자가 처음이라면 계획관리지역이 아
닌 농림지역 및 생산관리지역 등에 있는 공장은 우선 패스하는 것이
좋다.

　이유는 용도지역에 따라 들어올 수 있는 업종이 제한되어 예상한
수익이나 매도가 어려울 수 있기 때문이다. 건축물 2동 중 1동은 용
도상 공장이 아닌 제1종 근린시설 소매점으로 등록되어 있다. 왜 공
장이 아닌 근린시설로 등록되어 있을까? 그 이유는 공장 등록기준으

로 도로 폭 6m 미만이거나, 평수 150평 이하일 때는 허가받는 기간 및 조건이 부합되지 않기 때문이다. 실무에서는 근린생활시설 및 제조업소로 등록된 모든 건물은 그냥 공장으로 사용하게 되니 참고해서 무조건 이기는 공장 투자를 하길 바란다.

이 창고 경매 물건을 간략하게 요약하면, 물건 종별이 창고라서 주택규제 적용 없이 낙찰가액의 약 90%까지 대출이 실행된다. 그리고 임차인 보증금까지 받는다면 종잣돈 3,000만 원 미만으로 6%대의 임대수입과 토지를 주변 시세보다 저렴하게 매입해 얻은 시세차익이 가능하다. 나아가 지가상승까지 기대해볼 수 있는 매력적인 물건이다.

'부동산 경매는 재미가 없다'라고 생각할 수 있다. 그냥 참고 묵묵히 꾸준히 실행하는 것이고 그렇게 재미없는 경매가 한두 건 낙찰이 되고 원하는 수익이 발생할 때 모든 것을 보상받는다. 그러면 재미와 흥미가 생기면서 한 단계 한 단계 성장한다. 성공한다는 것은 두렵고, 낯설고, 하기 싫은 걸 견디는 것에서부터 시작된다. 그러니 도망가지 말고 핑계 대지 말고 지금 하기 싫은 것을 해야 한다. 포기하지 말아야 한다. 그러면 누구나 부동산 경매 투자를 통해 자본소득을 세팅할 수 있다.

다가구 경매 이것 하나면
노후준비 끝

최소 320만 원의 임대료, 매력적인
근린주택 경매
—

경기도 평택시 소재 매력적인 근린주택이 경매로 나왔다. 이 물건
이 얼마나 가치가 있는지 파악해 보겠다. 토지면적은 40평이며, 건물
면적은 132평이다. 감정가는 4억 8,800만 원부터 시작하는 물건으로
현재 3회차 변경을 통해 신건으로 진행하고 있다. 이 물건은 도로변
에 자리한 건물이며, 옥탑 포함 총 4개 층으로 구성된 근린주택이다.
층별로는 지하 근생, 1층 근생, 2층 근생, 3층 주택으로 구성되어 있
고 옥탑은 주거로 사용하고 있다. 사용승인일은 1993년으로 지은 지
28년 된 노후 건물이다.

권리분석을 해보면 건물등기부 및 토지등기부에 설정된 말소기준
권리는 2012년 평택농협 근저당으로 낙찰 후 부동산에 인수되는 권

소재지	경기도 평택시 비전동				
도로명주소	경기도 평택시 평택4로				
물건종별	근린주택	사건접수	2019.08.12	경매구분	임의경매
대지권	133㎡(40.23평)	소유자	유○○	감정가	488,784,580
건물면적	437.72㎡(132.41평)	채무자	유○○	최저가	(100%)488,784,580
배당종기일	2019-11-05	채권자	김○○	보증금	(10%)48,878,458
매각조건	대항력있는 임차인				

입찰진행내용

구분	입찰기일	최저매각가격	결과
	2020-08-10	488,784,580	변경
	2020-11-30	488,784,580	변경
	2021-03-15	488,784,580	변경
신건	2021-08-02	488,784,580	매각
	매수인: / 입찰인원: 1명 / 2등입찰가: 0원 / 낙찰금액: 502,230,000원(103%)		
	대금지급기한: 2021-09-15 납부(2021.09.10.)		

대장옥션에서 확인한 평택시 비전동 물건 사건 정보.

리는 없었다. 이 부동산에 거주 중인 임차인 권리분석도 진행해보겠다. 근린주택에는 총 3명의 임차인이 존재한다. 그중 말소기준권리보다 빠르게 전입했거나 사업자 등록한 임차인은 1명이다.

매각물건명세서에 따르면 임차인은 채무자 겸 소유자의 며느리였다. 통상 가족의 경우 무상으로 임대차를 유지하는데 보증금 5,000만 원으로 기재되어 있다. 이 임차인의 보증금 진성 여부는 말소기준권리 근저당으로 설정되었던 평택농협지점에 문의하여 근저당 설정 당시 실제 임차인에게 보증금이 존재했는지, 혹은 무상임대차 계약서가 있는지를 확인하면 된다. 만약 개인정보라 공개하기 어렵다면 임

평택시 비전동 물건의
전경 모습.

장 활동을 통해 임차인과 대면하여 보증금 여부를 확인해야 한다.

경기 평택시 비전동 상가주택이 수익성 부분에서 매력이 있는지 확인해보겠다. 비전동 일대 상가주택의 시세를 파악해보니 토지면적은 69평인데 15억 원대에 나온 매물이 있다. 15억 원을 건물 평수인 69로 나누면 평단가가 대략 2,000만 원 선이다. 경매에 나온 매물은 40평에 5억 원 정도이니 평단가를 계산해보면 1,200만 원으로 주변 시세보다 약 700만 원 정도 저렴한 편이다. 주변 상가주택의 월세 시세를 조사해보니 2층 18평이 90만 원에 나와 있다. 평당 임대가를 계산해보면 대략 5만 원 선이다.

경매 물건의 임대료를 계산해볼 때 건물 전용면적을 80평으로 가정하고 보수적으로 평당 4만 원의 임대료를 계산하면 최소 320만 원의 임대료가 나온다. 근린주택 매입비용을 5억 원으로 가정한다면 수익률은 7.5% 이상이다. 경락대출 활용 시 수익률이 20%까지 우상향

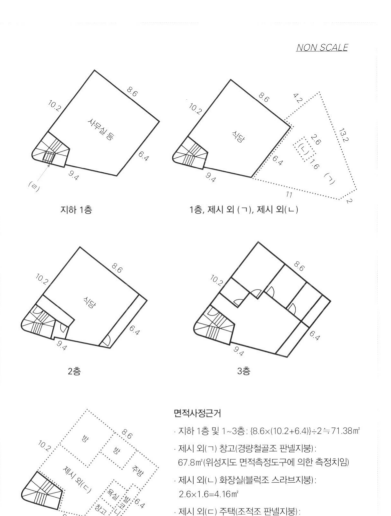

NON SCALE

지하 1층

1층, 제시 외 (ㄱ), 제시 외(ㄴ)

2층

3층

제시 외(ㄷ)

면적사정근거

· 지하 1층 및 1~3층 : {8.6×(10.2+6.4)}÷2≒71.38㎡

· 제시 외(ㄱ) 창고(경량철골조 판넬지붕):
  67.8㎡(위성지도 면적측정도구에 의한 측정치임)

· 제시 외(ㄴ) 화장실(블럭조 스라브지붕):
  2.6×1.6=4.16㎡

· 제시 외(ㄷ) 주택(조적조 판넬지붕):
  71.38−7.65=63.73㎡

※ 제시 외(ㄷ) 내부구조는 목측에 의하여 개략적으로 작성했음.

평택시 비전동 물건의 건축구조 상세 정보.

하는 알짜배기 물건이라 할 수 있다.

대항력 있는 임차인과
제시 외 건물이라는 문제점
—

여기까지 물건의 간략한 스펙 구성, 권리사항, 수익률에 대해 검토해 보았다. 물건은 장점도 있지만 문제점도 있다. 그중 첫 번째 문제는 대항력 있는 임차인이 배당요구를 했지만, 돈 받는 대기표를 뽑지 않아 보증금액 5,000만 원을 낙찰자가 전액 인수했다. 하지만 임차인은 채무자의 직계가족이며, 무단으로 증축한 옥탑에 거주하고 있다. 현 상황을 대조해보면 사실상 정상적인 임대차계약을 형성하기 어렵다는 것을 알 수 있다. 만약 낙찰 후 허위로 임대차계약을 작성하여 낙찰자에게 보증금액을 요구한다면 사문서 위조로 형법적인 처벌을 받을 수도 있다.

두 번째 문제는 제시 외 건물이 2동이나 존재한다는 점이다. 제시 외 건물이란 관할 지자체의 허가를 받지 않고 소유자가 불법적으로 사용하는 건물을 말한다. 제시 외 건물은 대항력 있는 임차인이 거주하는 4층 옥탑이다. 물건지를 보면 옥탑과 건물 색상이 확연히 다르다. 최초 건물을 신축하고 옥탑은 추가 증축한 형태다. 그리고 주택 왼쪽에 보이는 가건물 또한 무단으로 사용하고 있는 창고다. 건축물대장상에는 아직 위반건축물로 등재되어 있지 않지만, 향후 누군가

제시 외(ㄷ)

기호(2)

기호(1)

평택시 비전동 물건의 건축구조 외관상 모습.

신고하거나, 혹은 위성사진을 통해 적발되면 위반건축물로 고발당할 수 있다. 과거에는 위반건축물로 단속되면 대개 1~2년간 벌금을 내고 끝났지만, 지금은 위법한 사항이 개선될 때까지 벌금이 부과된다. 위반건축물로 등재되면 상가 임차인이 들어올 때 영업 허가증이 안 나올 수 있으므로 주의해야 한다.

물건지 주변에 덕동산근린공원이 있고 남쪽으로 중학교, 고등학교 등이 있어 학생 통행이 빈번하다. 또한, 물건지 주변에 아파트, 단독, 다가구 등이 많아 일정한 소비군이 형성된다. 이 물건지의 용도지역은 2종 일반주거지역이다. 2종 일반주거지역의 경우 건폐율 40% 용적률 200%가 적용된다. 현재 경매 물건은 건물 면적 132평으로 용적률에 비해 약 50평 정도 넘어선 형태다. 건물 옥탑에 있는 주택과 창고의 면적을 포함해 50평이 넘어선 것이다. 정상적으로 사용 수익화했다면 건물 면적은 88평 정도라 할 수 있다.

이 건물은 용적률을 최대치까지 적용하여 건축한 상황이다. 그래서 허물고 신축하기보다는 리모델링을 통해 가치를 상향하는 방향으로 투자하는 것이 합리적이다. 용적률을 전부 적용하여 차지하지 못한 건축물이라면 신축을 통해 새로운 부가가치를 올릴 수 있으니 참고해야 한다. 다가구는 일반매매보다 경매로 매입하면 경락대출을 최대한 활용할 수 있다. 일반매매로 매입한다면 기존 임차인의 보증금이 존재해서 대출에 제약을 주지만, 경매로 매입하면 낙찰된 대금에서 배당을 통해 임차인이 전부 보증금액을 받아 가기 때문에 경락대출의 레버리지를 극대화하여 매입할 수 있다.

이 근린주택은 지하부터 2층까지 전체가 근린생활시설로 구성되어 있어 주택 비중 대비 근린생활시설 비율이 높아 경락대출은 80% 선까지도 충분히 실행 가능할 것으로 보인다. 근린주택이나 다가구 주택의 경우 임대 공실률이 가장 중요하다. 현재 이 주택의 경우 1~2층은 음식점으로 사용하고 있고 3층에는 주택이 있다. 이 외에 위반건축물인 옥탑 주택이 활용 중이다. 위반건축물 중 조립식 패널 창고는 철거하면 문제없지만, 무단 증축한 옥탑은 철거 시 건물 전체에 문제를 일으킬 수 있기에 건축사와 충분히 협의해 판단해야 한다.

주변에 학교가 있고 주택이 밀집한 지역이라 수요는 충분하고 공실률이 낮다. 이 근린주택의 면적을 약 80평으로 잡을 때 평당 4만 원의 임대료는 충분히 구성할 수 있다. 수익률 또한 7% 이상을 만들어낼 수 있다. 임대 수익은 물론 더 나아가 향후 지가 상승은 보너스로 수익을 만들어갈 수 있다. 이처럼 경기도에 4억 원대의 저렴한 근린주택이 나와서 수익률을 분석하고 임장까지 다녀온 사례를 정리했다. 내가 잠을 자는 동안에도 나 대신 일을 해주는 부동산을 소유하는 것은 재테크에서 매우 중요하다.

꼬마빌딩, 소액 투자로
500만 원 임대료 받는 방법

　지하에서 2층까지는 상가, 3층은 방 7개인 꼬마빌딩 경매 물건을 소개해보겠다. 이 물건은 인천광역시 미추홀구 용현동의 근린주택으로 가격이 50% 떨어져 경매로 나왔다. 토지와 건물 전체를 매입할 수 있는 꼬마빌딩 경매 물건이다. 건축물은 지하 포함 총 4개 층으로 구성되어 있으며, 지층부터 2층까지 전부 근린생활시설이다. 그 외 3층은 무려 7개 호실의 주택으로 구성되어 있다. 임대수익이 극대화되어 있는 꼬마빌딩 경매 물건이다. 추후 다가올 노후준비를 한 번에 끝낼 수 있는 수익형 부동산이다.

감정가 6억 원대,
수익률 8%의 꼬마빌딩
—

더 놀라운 사실은 현재 진행되는 경매시작가다. 감정가 13억 원으로 출발하여 현재는 3회차 유찰되어 6억 원대까지 가격이 내려갔다. 감정가 대비 반값도 안 되는 가격에 경매가 진행 중이다. 이 경매 물건은 근생 비율이 높아 약 80% 선에서 경락대출이 가능하며, 추후 임차인 보증금까지 전액 회수한다면 종잣돈 5,000만 원 정도로도 나만의 건물을 취득할 수도 있다. 이런 매력적인 근린주택 경매 물건의 스펙 사항을 검토해보자.

이 경매 물건의 토지면적은 68평이며 건물 면적은 약 160평이다. 토지와 건물을 일괄 매각하면서 감정가 13억 5,000만 원부터 출발하여 2회 유찰되어 감정가 대비 49%인 약 6억 원대에 경매를 진행하는 반값 물건이다. 이 건물은 지층 포함 총 4개 층으로 구성되어 있다. 지층은 34평 단독이고 현황상 공실로 표기되어 있다. 1층 또한 34평 단독이며 현재 주점이 임차하고 있다. 2층 또한 34평이며 현재는 공실 상태로 임대차 구성이 없다. 3층은 28평 주택으로 사용하고 있으며 총 7개 호실로 나뉘어 있다. 건축물대장상 용도는 지층부터 2층까지는 전부 근린생활시설로 등재되어 있고 3층만 주택이다. 즉, 이 건축물은 근린생활시설의 비중이 높아 근생건물로 판단되어 경락대출은 와일드하게 실행된다. 층별 제시 외 건물 약 27평이 매각에 포함되어 있다. 현재 용도는 창고 및 주택으로 이용 중이라고 조사되어

소재지	인천광역시 미추홀구 용현동				
도로명주소	인천광역시 미추홀구 경인남				
물건종별	근린주택	사건접수	2020.09.22	경매구분	임의경매
대지권	224.8㎡(68평)	소유자	김○○	감정가	1,355,141,760
건물면적	527.88㎡(159.68평)	채무자	김○○	최저가	(49%)664,019,000
배당종기일	2021-01-13	채권자	용○○○○○○○	보증금	(10%)66,401,900
매각조건					

입찰진행내용

구분	입찰기일	최저매각가격	결과
신건	2021-11-05	1,355,141,760	유찰
2차	2021-12-08	948,599,000	유찰
3차	2022-01-20	664,019,000	취하
취하된 사건입니다.			

대장옥션을 통한 인천광역시 미추홀구 용현동 물건의 사건 정보.

있어 양성화 과정을 체크해야 한다.

　권리분석을 진행해보면 건물등기부 및 토지등기부상 동일하게 설정된 최초 권리는 2014년 8월에 설정된 근저당이다. 권리는 말소기준권리로 낙찰 후 모든 권리는 소멸한다. 인수되는 보증금이 있는지 임차인 권리분석도 진행해보겠다. 현재 임차인 7명의 권리신고가 되어 있다. 하지만 낙찰자에게 대항할 수 있는 권리는 전입일자 기준으로 경매 발생하기 이전의 전입일자만 체크해보면 된다. 임차인 7명 모두 말소기준권리 2014년보다 전부 후순위로 전입했기 때문에 낙찰 후 인수되는 보증금이 없다. 전부 인도명령 대상자다. 권리상 인수

미추홀구 용현동 물건의
전경 모습.

되는 사항이 없는 깨끗한 부동산이다.

최종적으로 건물의 수익성과 인프라도 체크해야 한다. 물건지 주
변으로 인하대학교 용현 캠퍼스가 초근접하고 있으며, 상업 시설이
밀집해 있다. 초등학교, 고등학교 등이 근접해 있고, 인하대역도 가
까운 거리여서 수요층은 양호할 것으로 보인다. 경매 물건지 주변의
일반 임대 시세도 체크해보아야 한다. 경매 물건지 주변 일반 매물로
나온 임대 시세는 10평에 보증금 3,000만 원, 월세 180만 원 수준이
다. 월세를 전용면적으로 나눠 임대료를 계산해보면 평당 18만 원 선
이다. 그 외 상부층 상가는 전용면적 32평에 월세 220만 원 조건도
있다. 이는 평당 임대료로 환산하면 약 7만 원 정도다.

조사한 시세를 토대로 경매 물건의 수익성도 계산해보자. 건물 면
적은 159평이며, 공용부분 제외 약 120평만을 임대수익을 계산해보

겠다. 주변 임대료는 1층이 평당 18만 원, 상부층은 7만 원 정도다. 이 건물은 1990년도에 사용 승인되어 30년 이상 된 노후도를 보인다. 자루형 토지로 가시성도 미흡한 편에 속한다. 이 점을 고려하여 최대한 보수적으로 접근해 평당 4만 원의 임대료를 생각해본다. 평당 임대료 4만 원을 건물 면적 120평에 적용하면 월 임대료는 480만 원이다. 수익률을 계산해보면 8%가 나온다. 꼬마빌딩의 수익률 8%대는 상당히 매력적인 수치다.

자루형 토지,
30년 이상 된 노후 건물이라는 문제점

—

요약해보면 이 경매 물건은 지층 포함 총 4층의 꼬마빌딩이며, 전체 건물 면적은 159평으로 비교적 넓은 건축면적을 보유하고 있다.

또한 지은 지 30년 이상 된 것으로 보수적으로 판단하여 평당 4만 원의 임대료 계산이 가능하다. 그래도 수익률은 8%대를 만들 수 있는 매력적인 경매 물건이다. 하지만 이 경매 물건은 치명적인 하자 두 가지를 가지고 있다. 이 문제점을 최대한 고려하여 입찰하지 않으면 투자 손실을 볼 수도 있다.

첫 번째 문제점은 이 경매 물건은 자루형 토지로 도로와 접한 부분이 상당히 협소하다는 것이다. 자루형 토지의 경우 접도구역 2m를 확보하지 못하면 신축에 큰 지장을 줄 수 있다. 그리고 두 번째 문제

증축으로 보이는 부분

미추홀구 용현동 물건의
증축으로 보이는 부분
모습.

점은 지은 지 30년 이상 된 노후 건물이기 때문에 건축물에 심각한 하자가 있을 수 있다는 점이다. 또한, 제시 외 건물까지 양성화해야 하는 숙제가 남아 있다. 이런 부분을 참작하지 않고 단순 수익률만 보고 입찰한다면 투자 손실을 볼 수도 있다.

직접 현장에 나가 확인한 결과 도보 5분 거리에 인하대학교 용현 캠퍼스가 있다. 주변을 보면 전체적으로 먹자골목이 형성되어 있다. 이 부동산과 같은 모양의 토지를 자루형 토지라고 하는데 생김새가 자루 모양과 닮아 붙여진 이름이다. 이런 토지는 임차 상가가 간판이나 홍보물을 전면부에 부착할 수 없다는 단점을 가진다. 이 때문에 주변 상가 임대료 대비 20~30% 정도는 다운해 임차구성을 해야 한다.

또한 자루형 토지는 도로와 만나는 토지가 접도 2m를 확보해야 한다는 조건을 충족시켜야 신축이 가능한데 관할 지자체 건축과에 문의

미추홀구 용현동 물건의
내부 지하계단 모습.

한 결과 신규 건축행위는 가능할 것으로 확인됐다. 그나마 다행이긴
하지만 설계사무실과 건축사에 따르면 일반 신축비용 대비 20% 정
도는 추가비용이 발생한다고 한다. 협소한 토지 입구로 인해 건축할
때 불편을 초래하기 때문이다. 하지만 개축, 리모델링, 수리 및 보완
등은 충분히 가능하다.

리모델링으로
시세 차익을 높인다

이 경매 물건의 토지는 68평이며, 경매 최저가는 약 6억 6,000만
원이다. 토지 평단가는 약 970만 원인 셈이다. 주변 토지 시세는 최
소 1,500만 원 정도를 형성하고 있고, 주변 시세 대비 약 2억 원 정도

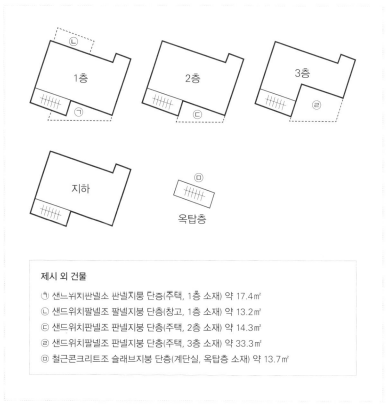

제시 외 건물

㉠ 샌드위치판넬조 판넬지붕 단층(주택, 1층 소재) 약 17.4㎡
㉡ 샌드위치판넬조 판넬지붕 단층(창고, 1층 소재) 약 13.2㎡
㉢ 샌드위치판넬조 판넬지붕 단층(주택, 2층 소재) 약 14.3㎡
㉣ 샌드위치판넬조 판넬지붕 단층(주택, 3층 소재) 약 33.3㎡
㉤ 철근콘크리트조 슬래브지붕 단층(계단실, 옥탑층 소재) 약 13.7㎡

미추홀구 용현동 물건의 제시 외 건물 건축구조.

는 안전 이윤을 확보하고 매입할 수 있다. 하지만 30년 된 낡은 건물로 리모델링이 필요해 보인다. 건물 외관 도색, 내부 철거 및 유지보수 등이 시급한 상태다.

이 정도만 간략하게 리모델링하려면 최소 평당 50만 원 정도는 예상해야 한다. 최저가에 약 1억 원 정도를 추가하여 건물의 가치를 끌

실제 유튜브 영상에 나온 미추홀구 용현동 경매물건 주변 모습.

어올려야 한다. 이후 임대차 구성을 통해 주변 꼬마빌딩 임대수익률인 5~6%대에 맞추면 된다. 매각으로 얻는 차익만 최소 3억 원 정도 가능한 꼬마빌딩 경매 물건이 될 것이다.

　우리는 누구나 꿈을 가지고 있으며, 그것을 이루기를 열망해야 한다. 하지만 냉혹한 현실로 인해 꿈을 내일로 미루게 된다. 과연 나의 꿈은 언제쯤 이룰 수 있을까? 오늘부터 목표한 꿈을 더는 미루지 말고 여기 나와 있는 대로 실천을 해보자. 핸드폰으로 약 10분의 알람을 맞춰 놓고 무조건 그 꿈을 위해 매일 10분을 활용하자. 단, 조건이 있다. 아무런 목표와 계획 없이 우선 책을 펴거나 경매정보지를 열고 무작정 검색해보자. 어설퍼도 상관없다. 큰 이득이 없어도 상관없다.

가장 중요한 것은 그 10분 동안 실행한 행동이 어떻게든 어제보다 나아진 오늘을 만든다는 사실이다.

PART
06

실전을 통해 얻은 꼬마빌딩 투자 노하우

쓰러져 가는 다가구 주택은
진흙 속의 진주

　부동산 경매에 투자하는 사람은 부동산의 외적 가치보다 내적 가치를 보는 데 집중해야 한다. 지금 소개할 물건을 보면 왜 이런 말이 나왔는지 알 수 있을 것이다. 경기도 안양역에 근접한 다가구주택이 있다. 이 다가구 주택은 지하 포함 총 2개 층으로 구성되어 있고, 토지 및 건물 전체를 매각하는 경매 물건이다. 토지는 37평이고 건축물 면적은 약 66평이다. 무엇보다 매력적인 부분은 진행되는 경매 최저가다. 경매 감정가 약 6억 원에서 시작해 현재는 감정가 대비 64%인 3억 9,000만 원부터 경매가 진행 중이다.

우수한 입지성,
주변 토지 시세 대비 절반의 가격
—

3억 9,000만 원이란 금액은 경매 물건지 주변 빌라 1개 호실을 매입하는 가격이다. 하지만 경매 물건의 컨디션은 심각한 노후도를 보인다. 건축물의 사용승인 연도는 1985년으로 37년 이상 된 건축물이다. 혹자는 '아무리 싸도 37년 된 극강의 노후 다가구 건물을 구매해서 어디에 쓸까?'라고 생각할 수 있다. 하지만 현 경매 물건은 우수한 입지성을 보유하고 있고 경매가 진행되는 최저가 또한 상당히 매력적이다. 주변 토지 시세 대비 약 30% 정도 저렴하게 매입이 가능해 다양한 출구전략을 통해 안정적인 수익을 만들어낼 수 있다.

즉, 낙찰 후 일부 수리를 통해 전세를 구성하면 투자금액은 전액 회수되며 오히려 1억~2억 원 정도의 추가 투자금을 확보할 수 있다. 물건을 볼 때는 어떻게 리모델링해서 어떻게 전체적 배치와 구성을 할 것인가를 생각하며 보아야 한다. 현재의 외형만 보지 말고 재구성을 통해 변화할 미래의 가치를 보는 능력을 키워야 한다. 신축 및 개축을 통해 현재보다 우량한 부동산으로 탈바꿈하는 것도 가능하다. 출구전략은 물건의 컨디션을 체크하여 자세히 소개한다.

현 경매 물건을 더 자세하게 설명하면 물건 종별은 다가구이며, 토지면적 37평, 건물 면적 66평으로 경매가 진행되었다. 토지 및 건물은 일괄매각하며, 감정가 6억 원부터 출발하여 현재 감정가 대비 64%인 3억 9,000만 원부터 경매가 진행 중이다. 토지 전체를 매입하

소재지	경기도 안양시 만안구 안양동				
도로명주소	경기도 안양시 만안구 박달로 570번길				
물건종별	다가구(원룸동)	사건접수	2021.06.25	경매구분	임의경매
대지권	125㎡(37.81평)	소유자	이○○	감정가	609,873,810
건물면적	220.15㎡(66.6평)	채무자	이○○	최저가	(64%)390,319,000
배당종기일	2021-09-08	채권자	김○○	보증금	(10%)39,031,900
매각조건					

입찰진행내용

구분	입찰기일	최저매각가격	결과
신건	2021-12-14	609,873,810	유찰
2차	2022-01-05	487,899,000	유찰
3차	2022-03-08	390,319,000	
4차	2022-04-12	20%↓ 312,255,200	예정

대장옥션을 통한 경기도 안양시 만안구 물건의 사건 정보.

고자 할 때는 항상 토지이용계획확인원을 열람해야 한다. 토지는 2종 일반주거지역으로 건축행위에 있어 별도 제약사항은 없다. 건축행위는 건폐율 60%, 용적률 240%까지 적용되며 최대 4층까지 지을 수 있다.

현재 건물의 현황은 1층 2가구, 2층 2가구, 지하 1가구로 구성되어 있으며 단층 화장실까지 존재한다. 제시 외 건물 약 2평이 있지만 전부 매각 대상에 포함되어 있어 경매 입찰에 큰 지장을 주지는 않는다. 다가구 주택을 낙찰 후 별도 인수되는 권리가 있는지 권리분석을 해보면 건물등기부 및 토지 등기부상 최초 설정된 권리는 2016년 6

월 설정된 근저당이며, 근저당은 말소기준
권리로 낙찰 후 모든 권리는 소멸한다.

낙찰 후 인수되는 임차인의 보증금도 있

인도명령
강제집행 절차에서 집행을 확보하기
위하여 재산을 일정한 자에게 내줄 것
을 명하는 집행 법원의 결정

는지 권리분석해보면 현재 총 5명의 임차인
이 존재한다. 낙찰자에게 대항할 수 있는 권리는 전입일자를 기준으
로 하므로 말소기준권리와 전입일자를 대조해보면 된다. 말소기준권
리는 2016년 6월 24일이며, 임차인 5명 전부 말소기준권리보다 후순
위로 전입했다. 낙찰 후 임차인 5명 전부 대항력이 없으므로 임차인
5명 모두 인도명령 대상자에 속하게 된다. 낙찰 후 모든 권리는
소멸하며, 부동산만 깨끗하게 넘어오는 경매 물건이다.

마지막으로 부동산의 인프라 및 다가구 시세도 체크해야 한다. 경
매 물건지 반경 500m 안에는 국철 안양역이 있으며, 상업 시설 또한
근접 밀집해 있다. 초등학교, 중학교, 고등학교, 대학교 등 학군이 형
성되어 있고 공원, 주민센터, 대형병원 등이 있어 미래가치가 뛰어난
입지성을 보인다. 다가구주택으로서 갖춰야 할 웬만한 조건은 다 갖
췄다고 봐도 무방하다.

주변 다가구 주택의 일반매매 시세도 체크해보아야 한다. 경매 물
건지 주변 다가구 시세는 평당 1,600만 원 정도다. 코너 및 도로조건
이 더욱 양호한 곳은 평당 2,000만 원 선에도 일반 매물로 나오고 있
다. 경매 물건의 평단가를 나누어 주변 시세와 얼마의 차이를 형성하
고 있는지 확인해보겠다. 경매 물건의 토지는 37.81평이며 건축물의
면적은 66평이다. 건축물은 지은 지 37년 이상 된 상태로 건축물의

안양시 만안구 물건의 건폐율 및 용적률 정보.

가치는 배제하고 토지 평단가로 확인해보아야 한다. 최저가를 4억 원
으로 잡고 토지면적 37평으로 나누면 평당 1,080만 원의 가격이 측
정된다.

주변 토지의 평당 시세가 최저 1,600만 원이니 평단가 1,100만 원
에 낙찰받으면 평당 500만 원 정도 저렴하게 매입하는 꼴이다. 경매
물건의 토지면적은 37평으로 평당 500만 원의 이익을 실현하면 전체

적으로는 최소 1억 5,000만 원 이상의 안전 이윤을 확보한 것이라 할 수 있다. 이런 상황을 경매 전문가들은 이기는 투자라고 말한다.

다양한 방법으로
수익성을 높일 수 있는 알짜 물건
—

여기까지 감정가 대비 약 64% 떨어진 다가구 경매 물건의 스펙 사항을 알아보았다. 총 요약해보면 안양역 도보 10분 거리에 소재해 있으며, 초·중·고 학군이 근접해 있고 상권이 인접한 지역이라 인프라는 우량한 편이다. 주변 다가구 시세 대비 약 30% 이상 저렴해서 낙찰받는 즉시 최소 1억 원의 안전 이윤을 확보할 수 있는 경매 물건이다.

다가구를 낙찰받으면 다양한 출구전략을 모색할 수 있다. 신축을 통해 가치를 상승시키거나, 혹은 현 상태를 유지하며 전세가를 매입가까지 끌어올리는 플피투자(부동산을 획득하면서 투자한 금액보다 더 높은 금액을 획득하여 오히려 돈이 남게 되는 투자법)로 방향을 잡는 것도 가능하다. 혹은 일부 리모델링 및 개축을 통해 수익성을 높이는 작업도 가능하다. 이 모든 플랜이 가능한 이유는 다시 말하지만 건축물이 깔고 앉아 있는 토지를 주변 시세 대비 매우 저렴한 가격으로 매입할 수 있기 때문이다.

현 경매 물건의 컨디션과 신축 시 기대할 수 있는 수익률 등을 전

안양시 만안구 물건의 토지물건 분석한 열람 정보.

체적으로 검토해보자. 토지물건을 분석할 때는 도로조건부터 체크해야 한다. 이런 노후주택의 경우 신축을 고려해야 하므로 항상 도로조건부터 체크해야 한다. 최소 도로 폭이 4m를 충족해야 건축행위가 가능하다. 현재 확보된 도로는 약 6m다. 30년 이상 된 노후주택은 내력벽, 기둥, 바닥 등의 노후화가 심각하여 리모델링보다는 신축을 진행하는 것이 리스크를 줄일 수 있다. 제시 외 건물로는 보일러실, 발코니 확장 부분이 있다. 하지만 전부 매각에 포함되어 있기에 큰 문제가 되지 않는다.

용도	구분	세분			국토계획법	건폐율	용적률
도시지역	주거지역 70%	전용주거지역	1층 전용 주거 / 양호	단독	70 이하	50	100
		일반주거지역	2층 전용 주거 / 양호	공동		50	150
			1층 일반거주 / 관리	저층 (4층이하)		60	200
			2층 일반주거 / 관리	중층		60	250
			3층 일반주거 / 관리	중, 고층		50	300
		준 주거지역	주거 + 상업			70	500
	상업지역 90%	중심 상업지역	도심 + 부도심		90 이하	90	1500
		일반 상업지역	일반적인 상업			80	1300
		유통 상업지역	유통기능 증진			80	1100
		근린 상업지역	근린 지역			70	900
	공업지역 70%	전용 공업지역	중화학공업, 공해성공업수용		70 이하	70	300
		일반 공업지역	환경저해 없는 공업			70	350
		준공업지역	경공업 + 주거 + 상업 + 업무기능 보완			70	400
	녹지지역 20%	보전녹지	개발x,녹지공간보전		20 이하	20	80
		생산녹지	생산위해 개발유보			20	100
		자연녹지	제한적인개발가능 / 도시녹지공간확보 / 장래도시용지공급 / 불가피한 경우에 합하여 제한적인 개발 허용			20	100
관리지역	보전관리 20%	자연에 준하여 관리			20 이하	20	80
	생산관리 20%	농령에 준하여 관리			20 이하	20	80
	계획관리 40%	도시에 준하여 관리			40 이하	40	100
농림지역		농림업의 진흥과 산령보전			20 이하	20	80
자연환경 보전 지역		보전산지 → 자연, 수자원, 해안, 생태계, 상수원, 문화재, 수산자연보호			20 이하	20	80

용도지역건폐율과 용적률 지정기준

출처: 국토교통부

용도지역건폐율과 용적률 지정기준표.

새시는 일부 교체해서 내부 인테리어는 일정 부분 양호할 것으로 보인다. 경매 물건의 컨디션은 그리 중요하지 않다. 신축 및 개축을 통해 새로운 가치를 추가해야 할 물건이라 외관 컨디션은 패스하도록 하겠다. 오히려 토지 모양이 더욱 중요하다. 토지는 세장형細長型(가늘고 긴 모양)으로 건축하기에 적합하다. 물건지까지 진입하는 데 별도 장애물은 없으며 공사 여건에 최적화되어 있다. 옆에는 신축 빌라들이 있다. 이렇게 신축이 빈번하게 이루어지는 곳은 100% 건축행위에 있어 제약이 없다고 보면 된다.

세 가지 플랜:
신축, 단기매도, 플피투자 임대

—

여기까지 안양역 도보 10분 거리에 소재한 다가구 경매 물건을 살펴보았다. 현장 조사결과 도로조건, 주변 입지, 경매 물건의 토지 모양 등이 상당히 매력적인 물건으로 평가됐다. 경매 물건을 낙찰받으면 약 세 가지 정도의 출구전략을 구성할 수 있다.

첫 번째 플랜은 현 노후주택을 허물고 신축행위를 통해 가치를 높이는 전략이다. 간략하게 수지분석을 해보면 현 토지의 용도지역은 2종 일반주거지역으로 건폐율 60%, 용적률 240%를 적용받는 곳이다. 토지 약 37평을 가정하면 바닥면적 22평, 총 88평을 신축할 수 있다.

전용 부분 및 코어 부분 8평 정도를 제외하면 약 80평을 분양할 수

토지모양 종류

가로장방　세로장방　사다리형　(맹지인 경우, 가로장방형으로 표시)

도로

변형사다리형　역사다리형

도로

삼각형　역삼각형　부정형　자루형

도로

있다. 주변 신축 빌라 일반매매 시세는 평당 1,600만 원이다. 신축면적 80평을 평당 1,600만 원으로 계산하면 약 13억 원의 분양수익을 예상할 수 있다. 신축 시 약 5개월은 소요되니 추후 상승할 분양가를 포함한다면 더욱 높은 수익을 예상할 수 있다. 토지는 최저가 4억 원이며 90평 정도로 건축하는데, 도급으로 평당 500만 원을 가정하면

4억 5,000만 원이다. 두 동을 합쳐주면 8억 5,000만 원이다. 부대 잡비 정도를 더한다면 약 9억 원 정도에 마무리된다.

그러면 예상수익 13억 원에서 총 투자 비용 9억 원을 제외하면 4억 원의 수익이 발생한다. 이 모든 프로젝트는 레버리지를 활용하여 투자할 수 있다. 그저 노후주택을 싸게 사서 신축만 했을 뿐인데 4억 원의 기대수익이 발생한다. 이처럼 신축 디벨로퍼는 미래의 가치에 집중해야 한다. 가치 투자가 아닌 수익을 처음부터 정해놓고 싸울 수 있는 무조건 이기는 투자를 해야 한다. 경험 부족으로 신축에 자신이 없다면 두 번째 플랜으로 넘어가면 된다.

두 번째 플랜은 최저가 낙찰 후 전체 호실을 비우게 하고 신축하겠다는 건축업자에게 단기 매도를 진행하는 전략이다. 이 또한 토지 안전 이윤을 확보하였기에 1억 원 정도의 시세차익을 확보할 수 있다.

마지막 세 번째 플랜은 내부와 외부 인테리어를 통해 전체 호실 전세를 구성한 후 플피투자를 진행하는 것이다. 현재 1층 2가구, 2층 2가구 총 4가구가 있어 전세 구성 시 최소 5억 원 이상의 임대차 구성을 세팅할 수 있다. 이후 신축에 필요한 시드 머니를 확보하면서, 전체적인 방향을 재설정하면 된다.

이렇게 총 세 가지 플랜으로 현 경매 물건의 출구전략을 잡을 수 있다. 추후 신축 시 주인 세대에 직접 거주하며 여러 세대의 임대수입을 받을 수 있어 꼬마빌딩의 조건에 적합한 경매 물건이다.

경매 투자를 주저하며 시작도 하지 못하는 이들이 보이는 치명적인 결함이 하나 있다. 특수 권리를 해결해야 돈을 벌 수 있는 구조라고 생각한다는 점이다. 부동산 경매에 나오는 물건 중 절반 이상이 권리상 문제가 전혀 없는 경매 물건이다. 본인은 경험이 없는데 자꾸 권리가 복잡한 물건만 쳐다보니, 공부만 하다가 시작을 못 하는 경우가 많다. 아니면 투자회사에 공동투자를 해놓고 그냥 기다리기만 하는 것이다.

본인이 언제 어디서든 실전 경매 투자를 통해 돈을 벌 수 없다면, 고민만 하고 공부만 하는 것은 전혀 의미 없다. 지금 경매 투자가 처음 시작이라면 권리상 문제 없는 경매 물건을 선별하여 주변 시세 대비 약 20~30% 정도 저렴하게 매입에 나서야 한다. 낙찰 후의 공정을 배우며, 단돈 1,000만 원이라도 수익을 만들어야 한다. 그렇게 한 사이클이 돌아야 전체적인 공정과 기술력이 내 몸에 흡수된다. 이후 노하우를 기반하여 더욱 깊이 있는 경매 물건을 선별하여 더욱 높은 수익을 만들어야 한다. 부동산 고수 혹은 경매 투자를 잘하는 사람들 대부분이 아주 작은 경매 물건부터 시작했다는 사실을 잊지 말자.

3억 원대 노후주택으로
5억 원 버는 방법

주변 시세 대비 매력 있는 물건의
치명적인 권리상 하자

허름한 노후주택을 낙찰받아 수익으로 연결할 수 있을까? 중요한 것은 건물이 아니다. 건물이 깔고 있는 토지가 매력적이어야 한다. 주변 토지 시세는 평당 1,200만 원 선에 나와 있다. 현재 경매 물건의 토지는 평단가 900만 원으로 경매에 나와 있으며, 주변 시세보다 평당 최소 300만 원 이상 저렴하게 경매가 진행 중이다. 하지만 이 물건에는 치명적인 권리상 하자가 두 가지나 있다.

첫 번째 하자는 대항력 있는 임차인이다. 하지만 대항력 있는 임차인이 전입, 확정, 배당까지 전부 신청하면 낙찰대금에서 우선 변제되므로 임차인은 크게 걱정할 일이 없다. 이보다 큰 두 번째 하

사해
속임수로 남에게 손해를 입힘

자는 바로 선순위 가처분이 무려 4명에게 설정되어 있다는 점이다. 1명만 설정되어도 특수물건 중 치명적인 하자인데, 해당 물건에는 무려 4명이나 선순위로 가처분을 설정했다. 이 가처분이 낙찰자에게 어떠한 불이익을 줄지 상세하게 확인하기 위해 공적인 장부 등기부등본을 확인해보겠다.

등기부등본을 확인한 결과, 4건의 가처분 설정은 사해(詐害) 행위 취소로 인한 소유권이전 등기 말소 청구권으로 모두 동일한 권리로 설정되어 있었다. 사해 행위 취소로 인한 소유권이전등기 말소청구권은 무엇일까? 예를 들면, 물건에 최초 소유자 A가 B에게 부동산을 매도했다. 하지만 A가 매도 당시 부동산에 설정되어 있던 채무 금액을 전혀 변제하지 않고 일방적으로 매도를 했다. 이럴 때 채권자가 재산 은닉에 문제가 있다며 기존 소유자에게 부동산을 다시 되돌려달라고 요청을 하는 것이다. 이런 권리가 사해 행위 소유권이전등기 말소청구권이다.

이 상황에서 만약 주택을 낙찰받게 된다면 어떻게 될까? 가처분자들이 승소하게 된다면, 주택은 현 채무자의 소유권을 박탈해 기존 소유자로 소유권이 변경된다. 후순위로 소유권을 변경한 낙찰자의 권리는 무효화되며 소유권을 상실하게 된다. 얼마를 물어줘야 하는 것이 아닌, 소유권 자체를 잃게 되는 무서운 권리다. 하지만 예외 상황도 있다. 이미 소송에서 판결을 받았다면 낙찰자가 인수하지 않아도 되는 권리가 된다.

경매 물건은 가액반환(價額返還) 승소 판결을 받았다. 소유권을 기존

소재지	서울특별시 금천구 독산동				
도로명주소	서울특별시 금천구 독산로 60				
물건종별	주택	사건접수	2020.05.26	경매구분	강제경매
대지권	119㎡(36평)	소유자	이○○	감정가	510,369,200
건물면적	155.54㎡(47.05평)	채무자	이○○	최저가	(64%)326,636,000
배당종기일	2020-08-31	채권자	신○○○○○	보증금	(10%)32,663,600
매각조건	대항력 있는 임차인, 선순위가처분				

입찰진행내용

구분	입찰기일	최저매각가격	결과
신건	2021-02-17	510,369,200	유찰
2차	2021-03-17	408,295,000	유찰
3차	2021-04-21	326,636,000	매각

매수인: / 입찰인원: 5명 / 2등입찰가: 385,000,000원 /
낙찰금액: 408,900,000원(80%)

대금지급기한: 2021-06-07 납부(2021.06.07.)

대장옥션을 통한 서울특별시 금천구 독산동 사건 정보.

소유자로 돌려놓지 말고, 가액반환을 통해 채무액을 반환받으라는 판결을 받았다. 결론적으로 4명의 가처분자는 경매를 통한 낙찰대금에서 채무액을 배당받고 권리를 소멸하라는 것이다. 부동산은 낙찰받고 대항력 있는 임차인은 배당받아 소멸하는 것이다. 이렇게 되면 인수하는 항목이 전혀 없는 깨끗한 부동산이 된다. 선순위 가처분이라면 무조건 인수해야 한다고 생각할 필요는 없다. 승소 판결받은 것 중에 가액반환으로 결정되면, 선순위 가처분도 인수되지 않으니 참고하면 된다.

가액반환
빌리거나 차지했던 것을 물건의 가치에 상당하는 금액으로 되돌려 주는 일

리모델링 VS. 신축

물건은 사용승인 후 38년이 지난 노후주택이다. 보통 노후주택의 경우 리모델링과 신축을 놓고 고민하게 된다. 이 물건은 1983년에 사용 승인되어 현재 약 38년 이상 된 상태다. 이렇게 되면 내력벽, 기둥, 지붕틀 등 내구성이 제로이므로 되도록 리모델링보다 신축을 선택해야 한다. 건물에 따라 신축이 유리할 수도 있고, 리모델링이 유리할 수도 있다. 양자를 놓고 전문가와 상의해가며 신중하게 검토하고 결정해야 한다.

무턱대고 건물 철거부터 했는데 건축법 강화로 건축행위를 할 수 없는 맹지가 될 수도 있다. 골목 폭이 최소 3m를 충족해야 트럭과 레미콘 차량이 진입할 수 있다. 또한, 건축법 개정으로 주택 신축 시 4m 이하의 좁은 골목에서 건축하려면 건축선을 2m 이상 대지 안쪽으로 후퇴해야 하므로 대지가 현저하게 줄어들 수 있다. 주먹구구식으로 대충 편의를 봐주던 건축법은 완전히 자취를 감췄다. 설계 및 건축 전문가와 충분히 협의한 후 방향을 설정해야 한다.

만약 신축의 수익성이 생각보다 줄어든다면 과감히 플랜 B로 넘어갈 수 있어야 한다. 플랜 B는 개축이다. 개축이란 기존 건축물의 전부 또는 일부를 철거하고, 그 대지 안에 종전과 동일한 규모의 범위 안에서 건축물을 다시 짓는 것을 말한다. 신축보다는 복잡한 절차가 없어 보다 손쉽게도 가능하다. 도로와 상관없이 좁은 골목길에 있는 헌 집에 대해 새로 건축허가를 받아 공사하는 것이다. 단, 맹지가 아

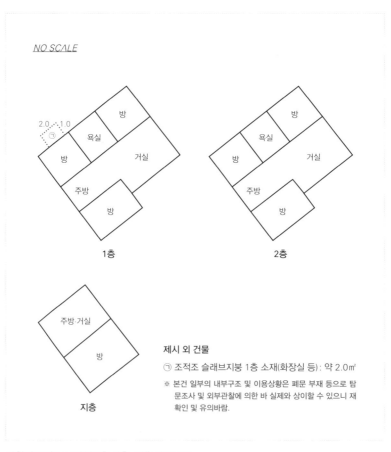

금천시 독산동 물건의 1층, 2층, 지층 내부구조.

니라는 조건이 있다.

이 물건은 주변에 신축한 건물도 있고, 미리 가설계까지 받아놓은 상태라 신축을 하는 데 큰 지장이 없다. 이 지역은 2종 일반주거지역이며, 용적률 200% 이하, 건폐율 60% 이하로 건축할 수 있다. 토지

금천시 독산동 물건의
지층구조 모습.

는 35평이니 건축면적을 채우면 70평을 구성할 수 있다. 계단 및 공
용면적을 제외하게 된다면 약 50평 정도를 활용 가능한 면석으로 뽑
을 수 있다. 신축 시 1층은 반 필로티로 만들고 나머지 반은 1층 주택
을 지을 수 있다. 1층 1개 호실, 2층 2개 호실, 3층 2개 호실로 구성
이 가능하다. 4층은 일조권 사선 제한 및 고도 높이 제한을 고려해 1
개 호실로 구성하고 서비스로 다락방을 만들 수 있다. 전체적으로 평
균 평수 15평씩 총 6개 호실을 뽑을 수 있다.

　여기서 수익성을 간략하게 살펴보면 노후주택 매입가 4억 원, 건
축비 평당 300만 원이지만, 각종 세금 및 옵션 추가 등을 더하면 건
축비를 평당 500만 원으로 잡아야 한다. 그러면 70평 기준 건축비
는 3억 5,000만 원으로 전체 8억 원 정도의 투자비용이 들어간다. 주
변 평당 분양가가 2,000만 원이라고 가정하면 70평 기준 14억 원의
수익이 예상된다. 대략 8억 원을 투자하여 14억 원의 수익이 만들어

필로티

스위스의 건축가 르코르뷔지에가 세상한 근대 건축 방법의 하나로 건축물의 1층은 기둥만 서 있는 공간으로 하고, 2층 이상에 용도에 맞는 공간을 꾸미는 방식이다.

PF(프로젝트 파이낸싱)

석유개발, 탄광채굴, 조선소, 발전소, 고속도로 건설 등 대규모 사업을 추진하는 경우 그 프로젝트에 필요한 대규모의 소요 자금과 각종 금융 수요를 충족하기 위해서 동원되는 다수의 금융 수단이나 투자금융기법을 통칭하는 말이다.

지니 차익은 6억 원 정도 예상할 수 있다. PF~Project Financing~(프로젝트 파이낸싱) 대출을 최대한 활용하면 이익은 극대화될 수 있다.

'신축했다가 미분양되면 손실 나는 거 아닌가?' 하고, 부정적으로 생각할 수 있다. 미분양이 왜 발생할까? 그건 최초 토지가격을 비싸게 매입했고, 주변 분양가 조사에 실패했기 때문이다. 다양한 디벨로퍼들이 시장에서 실패하고 없어지는 이유이기도 하다. 경매 투자 공부로 기본을 다잡고, 철저한 시장조사, 시세보다 저렴한 경매 투자 시스템을 통해 물건을 매입한다면 100% 이기는 투자를 할 수 있다.

꼬마빌딩 무조건 1등 하는 입찰가 선정 도대체 어떻게 할까?

서초구 방배동
근린주택 사례

———

꼬마빌딩의 무조건 1등 입찰가 선정방법은 무엇일까? 직접 입찰에 참여한 물건의 입찰가 선정방법을 통해 이야기해보겠다. 서울특별시 서초구 방배동에 있는 이 물건의 종별은 근린주택이다. 토지면적은 58.98평이며 건물 면적은 59평이다. 토지 용도는 2종 일반주거지역으로 건폐율 60%, 용적률 200% 가능하다. 건축물을 110평까지지을 수 있는데, 실제 건물 면적은 59평으로 땅의 활용도를 적절하게사용하고 있지 못한 상태다. 최초 감정가는 31억 원이며 현재는 유찰되어 100%부터 출발하는 물건이다. 권리사항은 2020년 강제경매가말소기준권리로 낙찰한 이후 인수되는 권리가 없다. 공유물 분할을위한 형식적 경매로 취하되거나 불허가되지 않는다.

소재지	서울특별시 서초구 방배동				
도로명주소	서울특별시 서초구 방배천로6길				
물건종별	근린주택	사건접수	2020.04.24	경매구분	공유물 분할을 위한 경매
대지권	195㎡(58.99평)	소유자	한○○○○○	감정가	3,101,541,700
건물면적	196.94㎡(59.57평)	채무자	한○○○	최저가	(100%)3,101,541,700
배당종기일	2020-07-15	채권자	한○○	보증금	(10%)310,154,170
매각조건	공유물 분할 경매				

입찰진행내용

구분	입찰기일	최저매각가격	결과
신건	2021-05-26	3,101,541,700	매각

매수인: / 입찰인원: 2명 / 2등입찰가: 3,110,000,000원 /
낙찰금액: 3,258,800,000원(105%)

대금지급기한: 2021-07-09 납부(2021.07.08.)

서울특별시 서초구 방배동 물건의 대장옥션 사건 정보.

　　이런 물건을 얼마에 입찰해야 할까? 통상 부동산 경매를 할 때는 부동산의 완제품 상태에서 수익화를 예상하게 된다. 경매 물건의 부동산 이미지를 보면 총 2개 층으로 나뉘어 있고, 1층은 소매점, 2층은 주택이다. 1층에는 셔터 3개가 설치되어 있고 한눈에 보아도 주차장으로 쓰면 될 공간이다. 이 부동산은 감정가 31억 원에 나왔다. '낙찰받으면 1층 주차장에 3대의 차를 주차하고 위층 주택에 살면서 추후 지가 상승을 기대해보면 될 것 같은데…'라고 생각하고 입찰에 참여하는 사람은 없다. 이 물건은 완제품 상태가 아니다. 다시 생산부터 조립하여 완제품으로 판매하는 과정을 예상해야 한다.

즉, 토지에 적절한 건물을 신축하고, 그로 인해 최종적인 수익을 예상할 수 있어야 한다. 경매 물건은 토지가 약 59평 정도로 용적률 200%를 적용할 수 있다. 여기서 고도 제한, 일조권 사선 제한, 코어 공용부분을 제외한다면 최소 90평 정도의 건축행위를 할 수 있다. 최종 수익률을 계산해보자. 감정가 대비 약 33억 원을 입찰해서 낙찰된다면 토지매입가 33억 원에 건축비 6억 원(600만 원 × 100평)이 지출된다. 지출합계 39억 원의 투자비용이 들어가는 셈이다.

신축에 따른 세금 관련 사항을 간략하게 짚어 보자. 참고로 법인이 주택을 취득하면 무조건 12% 중과대상이지만, 신축을 목적으로 매입하는 주택은 공급사업에 해당해 중과대상에서 제외된다. 법인은 종부세 6%를 부과하지만, 신축의 경우 5년간 분양을 한다는 전제하에 종부세 대상에서 제외된다. 양도소득세도 추가로 과세를 면제받아 최대한 절세하면 투자가 가능해진다. 한마디로 신축의 경우 취득세, 종부세, 양도소득세 등 현 규제에 대해 더 자유로울 수 있다.

정부가 제재하는 부분은 부동산 사고팔기를 반복하는 행위다. 하지만 신축은 오히려 실수요자에게 주택을 공급하는 행위로 보고, 세금을 중과하지 않고 반대로 세제 혜택을 제공한다. 서울특별시 서초구 일대의 신축 빌라 분양 시세가 평당 약 6,000만 원 정도지만, 최대한 보수적으로 평가하여 평당 5,000만 원씩만 분양한다고 하면 90평 분양 시 45억 원의 기대수익을 만들 수 있게 된다.

토지매입가와 건축비 39억 원,
최소 10억 원의 투자수익

———

다시 본론으로 넘어와 토지매입가 33억 원에 건축비 6억 원을 합하면 39억 원이 지출된다. 기대수익 45억 원에서 지출비용 39억 원을 제하면 최종 수익은 6억 원 정도 기대해볼 수 있다. 기대수익은 건축 기간 약 6개월 동안의 지가 상승을 반영하지 않았고, 주변 시세 대비 평당 1,000만 원 낮게 분양가를 잡았으므로 정상적으로 분양가를 측정하면 최소 10억 원의 투자수익이 예상된다.

이를 수익률로 환산해보자. 투자비용은 39억 원이 지출되고, 기대수익은 최소 6억 원이니, 투자금 대비 수익률은 약 15%로 예상할 수 있다. 여기서 레버리지를 통해 15% 수익률이 아닌 70%라는 말도 안 되는 수익률로 바꿔보겠다. 물건은 근생 비율이 주택 비율보다 높아 경락대출이 와일드하게 실행되며, 그 외 건축행위에 있어 PF 대출을 받을 예정이다. 총 투자금 39억 원 지출 중 최소 30억 원 정도는 레버리지를 통해 확보할 수 있다.

총 투자비용 39억 원 중 30억 원을 레버리지로 활용할 예정이니, 실제 투자금은 9억 원이다. 9억 원을 투자해서 6억 원의 수익을 만든 것이니 수익률은 약 70% 이상 뛰게 된다. 최종적으로 최소 6억 원의 마지노선을 가지고 분양사업을 시작할 것인가 아니면 6억 원의 수익을 보고 분양사업을 할 것인가 이것을 결정하면 된다. 해당 서초구 토지는 주변 재개발 이슈가 지속해서 발표되고 있는 곳이다. 분양가도 하루가 다르게 가파르게 상승하는 추세다. 하지만 투자금액이 9억 원 정도 발생할 수 있어, 다른 투자 대비 얻는 수익의 가치를 따져보아야 한다. 9억 원을 토지, 상가, 지산, 꼬마빌딩 등에 투자하여 얻는 수익과

지산
아파트형 공장이라고도 부름. IT계열 혹은 첨단지식산업을 영위하는 기업이 공존하는 현실을 반영하여 만든 용어다.

신축을 통해 얻는 수익 중 어떤 것이 더욱 가치가 있는 것인지 따져봐야 한다는 것이다.

"아침에 잠을 자는 사람은 꿈을 꾸지만, 아침에 깨어 있는 사람은 그 꿈을 이룬다", 꿈은 실천하는 사람에게만 현실이 된다는 이야기다. "나는 돈이 없어서 못 해", "각종 규제로 인해 부동산 경매는 못 해", "지금은 여유시간이 없어" 이런저런 안 되는 이유를 찾으면 실행하지 못한다. 누구나 실천만 한다면 소액으로 부동산 경매를 통해 자본소득을 불려 최종적인 신축까지 도달할 수 있다. 지금부터 시작이니 천천히 함께 걸어보도록 하자.

꼬마빌딩 낙찰 후
악질 점유자를 만나다

　꼬마빌딩 낙찰 후 악질 점유자를 만났다면 어떨까? 드라마 속에서나 보았던 일이 실제로도 일어날 수 있다. 하지만 드라마 장면과는 사뭇 다르다. 드라마에서는 집안 곳곳에 압류딱지가 붙어 있고, 건장한 남성들이 포장도 안 한 채 가전·가구 및 각종 집기를 강제로 끄집어내는 경우를 종종 본다. 이런 과장된 장면들로 인해 일반인은 부동산 경매에 관해 편견을 갖게 된다. 하지만 현실은 다르다. 막상 부동산 경매를 접하고 실전에서 투자하게 되면 강제집행까지 가는 일은 없다는 것을 누구나 자연스럽게 알게 된다.

　만약 경매를 낙찰받고 강제집행까지 가게 된다면 통상 악질적인 점유자일 가능성이 크다. 악질적인 점유자란 유치권이라는 편법을 사용하여, 낙찰자에게 금전적인 대가를 요구하는 자다. 그게 아니라면 유찰을 지속시켜서, 관련 지인을 통해 헐값에 낙찰받게 할 목적으로 경매를 방해하기도 한다. 이외에도 명도대행 컨설팅 업체에 의뢰하여 낙찰자에게 금전적인 대가를 끊임없이 요구하는 사례도 있다.

낙찰 후 연락이
되지 않을 때

———

실사례를 들어 보자. 경매로 실제 주거할 부동산을 낙찰받았고 원활한 협상을 위해 점유자에게 연락했다. 그는 자신은 잘 모르겠고, 조만간에 이 번호로 삼촌이 연락할 거라고 답한다. 그렇게 이틀이 지나고 삼촌이라는 자로부터 연락이 왔다. 그는 "내가 NPL 회사를 운영하고 있어 그 누구보다 경매절차를 잘 안다. 점유자 바꿔치기, 송달지연 등으로 강제집행을 신청해도 1년 이상 걸린다. 낙찰자도 집을 사용 수익화하지 못하고 1년 동안은 대출이자를 내야 한다"라며 협박을 했다.

그러면서 최종적으로 하는 이야기가 당장 점유를 풀고 이전할 테니 200만 원만 지급해달라는 요청이었다. 낙찰자는 협박에 못 이겨 어쩔 수 없이 200만 원의 이사비용을 지급하게 되었다. 이때부터 지옥이 시작되었다. 그는 "집에 인테리어한 걸 깜박했다. 그래서 돈을 받아야 한다", "이사 가려는 집이 전세금이 올랐다. 조금 더 지원해달라" 등 이런저런 이유를 대며

NPL(Non Performing Loan, 무수익여신)

부도 또는 법정관리에 들어가 3개월 이상 연체 중인 업체에 대한 여신 중 손실 발생이 예상되나 손실액을 정확히 알 수 없는 '회수의문' 여신과 회수 불능이 확실해 손실처리가 불가피한 '추정손실', 담보 처분을 통해 회수가 가능한 것으로 예상되는 '고정여신'을 합한 것이다.

지속해서 돈을 요구했다. 낙찰자는 계속 요구를 들어주는 과정에서 들이긴 돈이 아까워 결국 1,000만 원 가까이 되는 비용을 주고 명도 협상을 완료했다.

경매 컨설팅 회사에 의뢰하면 통상 20만 원에서 50만 원 사이의 착수금을 선입금으로 받고, 차후 명도비용에서 50% 정도를 인센티브로 받는다. 이들은 사건을 맡으면 온갖 협박을 하며 낙찰자에게 끊임없이 돈을 요구한다. 여기서 주의해야 할 점은 절대 컨설팅 업체에 돈을 입금하면 안 된다. 한번 돈을 입금하기 시작하면 그걸로 끝나지 않는다. 새로운 시작을 알리는 계기가 될 뿐이다. 이런 악질적인 점유자와는 강제집행 제도를 속행하여 단기적인 명도 협상을 진행해야 한다.

협상의 수단으로
계고를 활용하라

꼭 강제집행을 하겠다는 생각은 하지 말고 협상의 수단으로 강제집행 절차 중 계고를 활용한다면 더 빠르게 명도 협상을 완료할 수 있다. 계고란 집행관이 물건지에 방문하여 강제적으로 개문 후 계고장을 붙이고 오거나, 점유자가 있다면 "1~2주 정도 기간을 줄 테니, 집을 비워달라"고 일종의 경고를 하는 법적 행위다. 이때 버티던 임차인이나 점유자 90% 이상은 이사한다. 법에 의한 정당한 절차를 사실로 인지하기 때문이다.

계고 당일은 열쇠기능공과 함께 물건지에 방문해 집에 사람이 없거나, 혹은 없는 척을 해도 강제로 문을 여는 절차를 진행한다. 그러고는 강제집행 일정을 통보한다. 집에 점유자가 없으면 집 내부에 들어가 계고장을 붙이고, 집 내부에 집기가 얼마나 있는지를 체크하여 강제집행 비용을 대략 산출한다. 점유자가 집에 있으면 집행관이 점유물을 이동해 달라고 고지한다. 고지 내용은 대략 '부동산 낙찰자가 소유권 행사에 어려움을 겪고 있으니, 인도명령 신청을 통해 강제집행 절차를 진행 중이다'로 요약된다. 그리고 '1주에서 2주 정도 기간을 줄 테니, 그 기간 안에 점유를 풀고 이전해 달라'는 내용을 전달한다. 이로써 계고 절차가 마무리된다.

계고가 진행되면 점유자는 무작정 버티거나, 과도한 이사비를 요구하는 게 어렵겠다고 생각하며 낙찰자와 적절한 이사 일정을 협의하고 점유를 마치는 게 일반적이다. 만약 계고를 통해 집행 일정을 통보했지만, 지속해서 점유를 풀지 않으면 어떻게 될까? 이럴 때는 노무인력을 대동하여 강제집행을 하게 된다. 강제집행 당일에는 집행관이 노무인력, 열쇠기능공, 집행관, 낙찰자를 포함한 3명의 참여인을 동반하여 강제집행을 진행한다. 강제집행에 다수가 증인이 되어 모든 과정을 투명하게 증명하기 위함이다.

강제집행 때 신분증을 대조하며 자필 사인을 진행한다. 이후 열쇠기능공이 문을 열면 노무인력까지 전부 현장에 진입한다. 이때 집행관은 1차 계고 시점과 현재 시점 사이 변경된 사항이 있는지, 혹은 사람이 거주하고 있는지를 체크한다. 이후 부합물과 부속물을 구분하기 시작한다. 부합물은 부동산 일부로 저당권에 효력을 미친다. 부속물은 독립된 물건으로 저당권에 효력을 미치지 않는다. 부동산의 훼손 없이도 철거 가능한 스탠딩 에어컨은 부속물이며, 천장에 박혀 있는 시스템 에어컨은 철거할 때 부동산에 훼손을 줄 수 있어서 부합물로 분류된다. 부동산과 일체성을 가진 대리석, 싱크대, 붙박이장, 신발장, 가스레인지 등도 부합물에 포함된다. 이외에 의자, 신발, 장롱 등은 부속물로 판단해 차에 싣는다.

만약 집행 당일 점유자가 현장에 있다면 종이상자 2~3개를 전달하여 귀중품은 별도로 챙기라고 요청하고 나머지 짐을 나르게 된다. 부동산 내부 모든 짐을 옮긴 후 낙찰자에게 집을 인도하게 되며, 이때부터 정상적인 재산권 행사를 할 수 있다. 통상 강제집행 비용선정은 1차 계고 당시 부동산 내부에 옮겨야 할 집기의 부피를 산정하여 노무인력 수를 결정하게 된다. 노무인력 비용은 일당 약 10만 원 정도로 측정한다. 추가로 열쇠기능공, 물품 보관해야 하는 창고보관료 선납 등을 포함하여 강제집행 비용이 산출된다. 그러니 입찰 전 낙찰받을 부동산에 평당 10만 원 정도를 편성해 강제집행 비용을 미리 빼놓고 안전한 입찰가를 선정하면 좋다.

강제집행이 완료되면 점유자의 물품은 어떻게 처리될까? 강제집행 후 점유자가 연락을 받지 않고, 유체동산의 수령 여부를 거부한다면 창고에 보관하게 된다. 만약 동산을 소유자가 다시 찾아가려면 매수인이 먼저 선납한 보관비용을 지불한 후 받아 갈 수 있다. 만약 1개월 이상까지 찾아가지 않으면 부동산 매각으로 보관비용을 충당하고 남은 금액이 있을 때 공탁 질차를 거친 후 받을 수 있다. 통상 계고에서 명도 협상이 완료되며, 강제집행까지 가는 사례는 없다고 봐야 한다. 현재 집행한 사례처럼 버릴 짐만 남겨놓고 이사한 경우 강제집행을 진행하는 케이스는 있지만, 90% 이상은 점유자와 연락이 되어 원만하게 명도 협상이 완료된다.

채무자에게도 도움이 되는
경매절차

—

부동산 경매를 생각하면 아직도 타인의 아픔을 통해 돈을 버는 행위라고 생각하는 사람이 많다. 막상 부동산 경매를 접하고 실행하다 보면 전혀 다른 세상이라는 것을 알게 된다. 물론 작전 경매도 있고, 주기적으로 경매라는 시스템을 통해 전국적으로 부동산을 매도하려는 채무자도 만나게 된다. 하지만 더욱 중요한 것은 부동산 경매를 하면서 부동산에 거주 중인 임차인이 보증금과 채권자 입장을 한 번쯤은 생각해볼 수밖에 없다는 것이다. 이사해야 하는데 보증금을 받을 수 없는 임차인, 넉넉지 못한 형편에 돈을 빌려줬는데 받지 못하는 채권자의 권리를 찾아주는 고마운 존재가 경매 투자자다.

경매절차가 없다면 채무자는 고통의 그늘에서 헤어날 방법이 없다. 경매는 그들을 죽이는 게 아니라 오히려 살려내는 길이다. 그 원리를 제대로 이해하지 못하면 경매를 부정적으로 생각하기 쉽지만 그건 사실이 아니다. 그러니 부동산 경매를 통해 자본소득을 배우고 당장 실천하면 좋겠다. 오늘 누군가 그늘에 앉아 쉴 수 있는 이유는 오래전 누군가 나무를 심었기 때문이다. 무조건 성공하는 방법이나 정해진 길은 없다. 길은 걸어가면서 만들어가는 것이다. 그러니 더디더라도 조금씩 함께 걸어가야 한다.

꼬마빌딩 경매,
이것 하나면 노후준비 끝

지식산업센터가 밀집된
금천구 가산동 준공업지역

—

주택규제로 인해 우상향하는 부동산이 있다. 비교적 대출 규제가 적은 지식산업센터가 그 실례다. 이런 지식산업센터가 밀집된 서울특별시 금천구 가산동 준공업지역에 토지의 가치를 온전히 사용할 수 있는 꼬마빌딩이 경매로 나왔다. 경매 물건은 금천구 가산동에 있는 근린주택이다. 토지면적은 115평이며, 건물 면적은 152평인 꼬마빌딩이다. 감정가 23억 원부터 출발하는 신건이다. 경매 물건은 공유물 분할을 위한 형식적 경매로서 취하 여지는 없다.

권리분석을 해보면 등기부상 2020년에 설정된 강제경매가 말소기준권리다. 2개의 선순위 전세권자의 인수 여부를 체크하기 위해서는 배당 여부를 확인해야 한다. 임차인 현황상 선순위 전세권자가 배당

소재지	서울특별시 금천구 가산동				
도로명주소	서울특별시 금천구 가산니시털2로				
물건종별	근린주택	사건접수	2020.06.03	경매구분	공유물 분할을 위한 경매
대지권	380㎡(114.95평)	소유자	전○○○○○	감정가	2,317,235,600
건물면적	503㎡(152.16평)	채무자	전○○○	최저가	(100%)2,317,235,600
배당종기일	2020-09-07	채권자	㈜○○○○○○○○○○	보증금	(10%)231,723,560
매각조건	대항력 있는 임차인, 선순위전세권, 공유물 분할 경매				

입찰진행내용

구분	입찰기일	최저매각가격	결과
신건	2021-10-12	2,317,235,600	매각
매수인: / 입찰인원: 15명 / 2등입찰가: 0원 / 낙찰금액: 3,411,000,000원(147%)			
대금지급기한: 2021-11-30 납부(2021.11.29.)			

대장옥션을 통한 서울특별시 금천구 가산동 물건이 사건 정보.

요구를 하지 않아 낙찰자가 임차인을 인수하게 된다. 그 외 임차인이 일부 존재하지만 전부 소액임차인이라 배당을 받게 되고, 경매 물건 입찰에 큰 지장을 주지 않는다. 임대차 보증금을 기재하지 않는 2명의 임차인은 별도로 현장에 방문하여 재확인해봐야 한다.

　물건 이미지만 봤을 때는 노후가 심해 보인다. 하지만 보이는 것만으로 부동산을 판단하면 안 된다. 건물이 깔고 앉아 있는 토지가 상당히 매력적이다. 이 건물이 위치해 있는 가산디지털단지역 주변에는 천지개벽 수준으로 신축건물이 들어서고 있다. 그로 인해 향후 지가는 빠르게 우상향할 것으로 보인다. 현황상 1층과 2층은 근생이지만 2층은 현재 주거로 사용 중이다. 3층도 주거로 사용 중이다.

주변 인프라 및 토지 시세를 확인해보자. 물건은 가산디지털단지 역에서 500m 반경 안에 자리 잡고 있어, 도보로는 약 10분 정도 거리다. 경매 물건은 도로변에 바로 맞닿아 있어 가시성 또한 양호한 편이다. 경매 물건은 준공업지역에 자리하고 있다. 통상 준공업지역은 일반주거지역 대비 2배 이상 높은 용적률 400% 이하, 건폐율 70% 안에서 건물을 건축할 수 있어 수익성이 보장된다. 경매 물건지 바로 옆 필지가 2020년도 11월에 평당 2,800만 원으로 거래되었고, 현재는 최소 3,000만 원 이상에 가격대가 형성되고 있다.

경매 물건은 114평에 23억 원으로 출발하니 평당 2,000만 원 정도의 가격이다. 주변 시세는 평당 2,800만 원 정도로, 현재 경매 물건은 시세 대비 최소 8억 원가량 저렴한 상태로 보인다. 여기까지 서울특별시 금천구 가산동 준공업지역에 있는 꼬마빌딩 경매 물건의 상황을 보았을 때 미래가치도 높고 토지 시세 대비 8억 원가량 저렴하게 매입할 수 있어 굉장히 매력적이라고 생각할 수 있다. 하지만 이번 경매 물건에 치명적인 하자 두 가지가 있다. 이 부분을 해결하지 못한다면 오히려 손실을 볼 수도 있다.

시세 대비 8억 원 저렴한 상태이지만 짚어봐야 할 하자

하나씩 얘기해 보겠다. 첫 번째 하자는 보이는 토지에 치명적 함정이 있다는 점이다. 경매정보지만 보고 114평 평당 2,000만 원으로 나와 저렴하다고 생각하여 낙찰받으면 손실을 보게 된다. 토지는 한 1개의 필지가 아니라 총 4개의 필지로 나뉘어 있다. 지적도를 보면 74평 대지, 20평 대지, 18평 도로, 2평 도로, 이렇게 4필지가 합쳐서 114평으로 나와 있다. 이렇게 되면 도로 2개 필지가 빠지게 되고, 547-90 필지는 건축에 적합하지 않아 신축이 어렵다. 사실상 547-88 대지의 약 74평에만 건축할 수 있다.

여기까지만 보면 그러려니 할 텐데 현 경매 물건의 건축물이 바로 앞 국유지를 침범하고 있어 신축하는 데 큰 지장이 있다. 이렇다 보니 현재 건축물도 용적률을 다 적용받지 못한 이유를 알 수 있다. 현재 이 부분은 건축사무소를 통해 더 정확한 가설계를 받아놓고 입찰해야 한다.

547-84필지 자투리 토지를 보자. 이 토지는 경매 물건에 제외된 부분이며 현재 개인이 소유하고 있다. 7평 정도 되는데 만약 토지를 매입할 수 있다면 보다 안정적이고 현재보다 높은 가치로 신축할 수 있다. 해당 토지를 개별적으로 매입할 수 있는지 다시 한 번 체크해야 한다. 결론적으로 114평에 토지가 아닌 74평의 토지를 보고 현실적인 수익률 산정을 해야 한다.

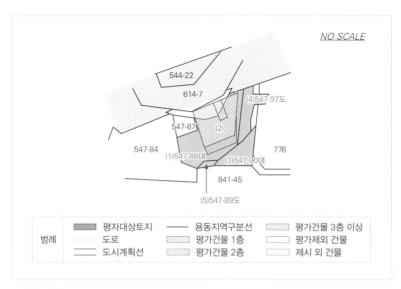

범례	▨ 평자대상토지	—— 용동지역구분선	▨ 평가건물 3층 이상
	▨ 도로	▨ 평가건물 1층	☐ 평가제외 건물
	—— 도시계획선	▨ 평가건물 2층	☐ 제시 외 건물

금천구 가산동 물건의 지적도.

두 번째 하자는 위반건축물이 등재된 부동산이라는 점이다. 조립식 패널이나 컨테이너 등은 손쉽게 철거할 수 있어 입찰에 큰 지장을 주지 않지만, 이 물건의 이미지를 보면 벽돌과 시멘트 구조로 된 제시 외 건물이 보인다. 무단으로 확장한 건물과 옥상에 옥탑방까지 설치되어 있어 철거 및 제거와 관련해 건축사와 재협의가 필요하다.

현재 건축물대장상에 위반건축물로 등재되어 있으며 개선될 때까지 지속적인 이행강제금이 부여되므로 필수적으로 체크해야 할 항목이다. 이렇게 보면 실제 사용하는 토지의 면적은 약 74평이다. 거기다가 위반건축물까지 있어 다소 매력이 떨어지는 부분이 있다. 하지만 이 일대는 천지개벽이 일어나는 지역이며 역세권 500m 반경이라는 희석되지 않는 입지성을 가졌다는 점을 눈여겨 봐야 한다.

그럼에도 불구하고 보유만으로
지가 상승이 기대되는 물건

—

역에서 물건지까지 한 블록 건너 신축공사를 하고 있고, 나대지 없이 건물이 들어서 있다. 보유만으로도 지가 상승을 기대해볼 수 있는 상황이다. 현재 1층은 상가로 구성되어 있다. 좌측에는 커피집, 우측에는 식당이 운영 중이다. 2층에 2가구, 3층에 3가구가 있고, 옥탑에 위반건축물 1가구가 있다.

물건지 주변 바로 옆 필지가 최근에 거래되어 기존 임차를 전부 빼고 있다. 구형건물 대신 머지않아 새로운 신축건물이 들어설 예정이다. 이 경매 물건에도 긍정적인 영향을 줄 것이다. 뒤에 보이는 오피스텔 현황도 체크해보니 공실 없이 전부 임차구성 중이며, 물건이 나오면 예약을 미리 신청해야 계약을 할 수 있다고 한다. 주변은 지식산업센터 밀집 지역으로 일자리 수요가 굉장히 높은 것으로 보인다.

이제 물건지 조사에 관해서 얘기해 보겠다. 첫째, 필지 구분 확인을 해야 한다. 74평 메인 필지, 국유지, 자투리 토지 20평, 도로를 차례로 체크해야 한다. 547-90번지 뒤 토지도 대지이므로 꽉 찬 신축이 되지만, 기존 안쪽에 있는 대지는 도로가 유일한 출입구라서 맹지가 될 수 있다. 건축허가나 심의를 별도로 받아야 할 것으로 보인다. 그

금천구 가산동 물건의 외부 모습.

렇지 않을 경우 일반교통도로 방해죄가 성립할 수 있다. 필로티로 건축하면 가능해진다.

둘째, 위반건축물 2개 확인 부분은 건축사와 상의하여 손쉽게 철거 가능하다는 답변을 받아 양성화시킬 수 있다. 옥상 옥탑방과 1층 확장건축물에 대한 이행강제금을 확인해보니, 1년에 약 100만 원의 벌금이 나온다. 과거에는 벌금이 1~2년 부과되고 말았지만 지금은 개선 시까지 매년 부과된다. 상가의 경우 영업허가에 대한 제약도 줄 수 있기 때문에 필수적으로 체크해야 한다. 1층 커피숍과 식당은 임차인을 확인해야 한다. 보증금 미상 체크를 해야 한다. 임대료 잘 내고 있는지 임대계약 연장 의사는 있는지 체크해야 한다.

요즘 관심이 뜨겁다는 지식산업센터 밀집 지역에 있는 서울 꼬마빌딩 경매 물건에 대해 정리해 보았다. 결론적으로 74평 토지의 가치로 보면 좋을 것 같고 현재 감정가는 더 무거울 수 있다. 하지만 미래 가치가 뛰어나고 만약 중간에 끼어 있는 자투리 토지 약 7평을 추가로 매입한다면 가치는 더욱 상승할 것 같다. 7평 토지 소유자가 현 경매 물건의 지분권자이며 경매신청자다. 지분권자들의 의견이 조율이 되지 않아 공유물 경매를 진행했다. 7평 토지 또한 같이 매도하기를 원했다. 그래서 경매 외 일반 매수계약을 하고 싶다는 의사 표현을 했지만, 경매 입찰 결과를 확인 후 계약하자는 이야기를 한다.

생각보다 낮은 금액으로 부동산이 낙찰되더라도 그 이상을 불러 매수계약을 할 수 있고, 만약 생각보다 높은 금액으로 낙찰되더라도 더욱 높은 가격을 제시하여 계약을 진행할 수 있다고 판단해 무조건 경매낙찰 결과를 확인한 후 협상하려는 것이다. 사전에 협의가 되었으니 굳이 무리한 금액이 아닌 최저가로 입찰을 해도 부담이 없다. 간발의 차이로 낙찰을 못 받아도 사전에 매수 협상을 협의한 상태여서 안전 이윤을 확보한 후 더 여유롭게 계약을 만들어낼 수 있다.

무조건 이기는 경매를 할 수 있다는 이야기다. 왜 경매 입찰을 보고 싶다고 할까? 그 이유는 무조건 우상향하여 계약을 유도할 수 있기 때문이다. 꼭 경매로만 매입한다는 생각을 버리고, 다양한 출구전략을 통해 다른 투자자들보다 앞서가는 투자를 진행하면 좋겠다. 우리는 부자 되기를 꿈꾸지만 어제와 다르지 않은 노동을 하면서 계속 내일을 만나야 한다. 진정 부자가 되고 싶다면 소유하고 있는 돈이 다른 돈을 벌어줄 시스템을 만들어야 한다. 노동을 통해 얻는 수입은 절대 영원하지 않다. 지금이라도 조금씩 시간을 배분하여 자동화 수입을 만들 수 있는 시스템을 공부하며 실행해야 한다.

작은 종잣돈으로 나만의 토지,
서울 성북구 나대지

알다시피 서울은 나대지 없이 도시 전체에 건축물이 들어 서 있다. 그래서 서울에 건축이 가능한 토지를 찾기 어렵다. 그런데 서울에 신축이 가능한 나대지가 부동산 경매로 나와 설명해보겠다. 경매 물건은 감정평가 당시 노후주택이었지만, 현재는 주택이 전부 철거되어 나대지 상태다. 이 경우 주택 수 합산에는 제외되며, 그 외 강력한 주택규제를 적용받지 않게 된다. 즉, 경락대출이 70%에서 가능하여, 작은 종잣돈으로도 서울에 나만의 토지를 소유할 수 있는 것이다.

감정가 4억 2,000만 원부터 출발하는
신건 경매

───

경매 물건의 소재지는 서울특별시 성북구로 물건 종별은 주택이다. 토지면적 23평, 건물면적 18평으로 토지와 건물 일괄 매각한다. 감정가 4억 2,000만 원부터 출발하는 신건 경매 물건이다. 현재 구축 건축물은 철거된 상태며 나대지로 경매가 진행 중이다. 토지의 용도 지역은 2종 일반주거지역으로 용적률 200%를 적용받는다. 낙찰 후 인수되는 권리가 있는지 권리분석을 해보겠다. 토지 및 건물 등기부상 최초 설정된 권리는 2018년 8월에 설정된 근저당이며 근저당은 말소기준권리가 적용되니 낙찰 후 모든 권리는 소멸한다. 나대지 형태로 별도 거주 중인 임차인이 없어 인수하는 보증금도 없다. 권리상 전혀 문제가 없는 경매 물건이다.

경매 물건의 인프라 및 시세를 체크해보겠다. 물건지 주변으로 초등학교, 공원, 중학교 등이 근접해 있어 거주 환경은 양호한 편이다. 월곡역이 도보 10분 거리에 있어 대중교통의 편리성을 갖추고 있다. 추가 개발 호재로 2019년 10월에 동북선이 착공되어 공사가 진행 중이다. 경전철인 동북선의 정거장은 총 16곳이다. 전반적으로 동북선은 노원, 도봉, 강북 등 지하철이 부족한 지역을 좀 더 촘촘하게 연결하여 교통의 편의성을 높이기 위해 건설되고 있다. 노선은 2026년 완공 예정이며, 완공 시 경매 물건지와 역사의 거리는 도보 7분 정도로 교통 편의성이 더 개선된다.

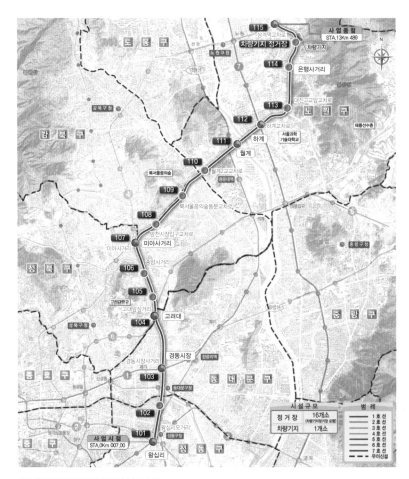

성북구 물건과 연관된 동북선 노선도.

　　위치와 모양에 따라 다소 편차는 있지만, 토지가는 평당 3,000만 원에서 3,500만 원 선으로 형성되고 있다. 이 경매 물건이 주변 토지 시세와 비교해 저렴한지 혹은 비싼지 계산해보아야 한다. 경매 물건의 토지면적은 23.9평이며 감정가는 4억 2,000만 원이다. 4억 2,000만 원을 23평으로 나눠 계산하면 토지 평단가는 1,826만 원이다. 주변 시세인 최저 3,000만 원 대비 1,000만 원 이상은 저렴하다는 것을 알 수 있다. 경매 물건지 주변에 나대지의 일반 매물은 거의 없는 편이며, 일부 나와 있는 매물은 평당 3,300만 원 선이다.

요약해보면 물건지 주변으로 초등학교, 공원, 아파트 단지가 근접해 있어 인프라는 우량한 편이다. 월곡역이 도보 10분 거리에 있으며, 동북선 공사가 현재 활발히 진행되고 있어 완공된 시점에는 도보 7분 거리에 추가 역이 개발될 예정이다. 가장 중요한 것은 현재 진행하는 경매의 시작가다. 주변 토지 시세는 평당 3,000만 원 선에 형성되어 있지만, 현재 진행하는 경매 물건은 평당 1,800만 원대로 시세 대비 약 40% 저렴하게 경매가 진행 중이다. 빈 땅이 없는 서울에 주택규제를 적용받지 않는 토지를 매입한다는 것은 상당히 매력적이다.

임장 내용과
네 가지 성공 전략

이 물건에 임장 다녀온 내용을 이야기해 보겠다. 현재 나대지이기 때문에 주택규제를 적용받지 않고 경락대출을 최대한 활용할 수 있다. 토지만 취득하는 건으로 주택 수 합산이 적용되지 않고, 별도 중과대상도 아니다. 현재 이 일대는 미니 재건축 지역으로 '가로주택정

소재지	서울특별시 성북구	도로명 주소: 서울특별시 성북구 월곡로	

■ 산출정보 (규제 법령 기준일: 2021.09.30.)

만화설명 보기

건축면적

건폐율
60%

약 3층
※ 최대건폐율 기준

용적률
200%

전체 토지

(산출면적 기준일: 2022.01.04.)

전체면적	79m²	제2종일반주거지역	77.0m²

■ 규제 법령 (규제 법령 기준일: 2021.09.30.)

용도지역지구	건폐율(조례)	용적률(조례)
2종 일반주거지역	60%	200%
건폐율		

서울특별시 성북구 물건의 건폐율 및 용적률 정보.

비사업'이 한창 진행 중이다. 서울특별시가 공급량 증가를 위해 2종 일반주거지역의 7층 높이 제한 규제를 풀면서 기부채납 없이 최대 15층까지 건축행위를 할 수 있게 되었다.

또한 소규모 재건축인 가로주택정비사업이 활발히 추진되고 있다. 물건 주변에 종암동 1구역, 2구역, 3구역 등 조합설립을 준비하는 사업 지구가 많아 향후 가치는 더욱 높아질 전망이다. 임장에서 체크한 사항은 다음과 같다. 첫째, 건축에 있어 도로 폭 4m를 확보하고 있는

지의 여부는 중요한데 이곳은 7m를 확보하고 있었다. 4m 도로가 없으면 건물을 신축할 수 없다. 이런 도로를 확보하지 못한 토지를 맹지라고 부른다. 단독적인 가치가 없어 시세 대비 반값 정도를 형성하고 있다. 도로 폭을 재보면 7m이고 가로주택정비사업의 경우 6m 이상을 확보해야 하기에 적합하다.

둘째, 토지 용도지역은 2종 일반주거지역이며, 용적률 200% 적용받는 곳이다. 셋째, 토지 모양은 투자에 가장 적합한 가로장방형이다. 필지 분할이 쉽고 건축도 상당히 용이하다. 하지만 토지면적이 워낙 협소해 자르지는 못할 것 같다. 넷째, 통상 이런 물건은 경매에 나오기 전 거래가 되어 경매시장에서 보기 어려운 물건이다. 그래서 경매 취하 가능성도 있을 것으로 보인다. 이처럼 협소 토지를 활용하여 신축을 통해 충분히 사용 수익화를 만들어낼 수 있는 물건이다. 현재 이 토지는 도로 폭과 개발 호재 등의 가치가 높아 향후 더 기대가 된다.

이 토지를 가지고 크게 4가지 정도 출구전략을 잡을 수 있다. 첫째는 가로정비산업을 기다리며, 추후 분양권을 받아 수익화를 연결하는 과정이다. 물건지 주변의 전용면적 25평 아파트 매매가는 10억 원에 육박하고 있다. 경매 물건의 최저가 4억 2,000만 원 대비 수익률을 최소 100% 이상 만들어갈 수 있다. 공공 직접주도 재개발이 아니어서 분양권 지급은 큰 문제가 될 것으로 보이지 않는다.

둘째는 만약 가로정비사업의 진척이 늦거나 범위에 들어가지 않는다면 직접 신축을 통해 사용 수익화를 실현하는 방법이다. 물건지 주변으로 고려대, 성신여대, 경희대 등이 있어 원룸 건물을 신축한 후 수익화할 수 있다. 토지가 2종 일반주거지역이므로 용적률 200%를 적용하면 대략 40평 정도를 신축할 수 있다. 코어라고 부르는 공용부분 5평 정도를 제외하면 총 35평의 건축면적을 확보할 수 있다. 1층은 주차장 확보를 위해 필로티를 만들고, 2층부터 4층까지는 5평씩 2개 호실을 들일 수 있다. 추가로 지층 1개 호실까지 총 7개 호실을 구성할 수 있게 된다. 서울에 그것도 자신의 원룸 건물을 소유하면서, 현금 흐름과 시세차익을 만들어볼 수 있는 매력적인 경매 물건이다.

셋째는 주변 필지 매입을 통해 수익률이 높은 건축행위를 하는 것이다. 주변 노후주택을 매입하여 다세대 및 다가구를 건축하여 사업 수익화를 더욱 높일 수 있다.

넷째는 주변 토지 시세 대비 약 40% 정도 저렴하게 매입했기 때문에 단기 매도를 통해 즉시 수익을 실현하는 것이다. 낙찰 후 토지에 현수막만 설치하면 된다. 건축 가능 토지 단기 매도를 하면 주변 건축업자들의 다양한 러브콜을 받을 수 있다. 단기차익 1억 원 정도를 예상할 수 있다. 종암동 부근으로 동북선 개발이라는 이슈가 있기에 추후 완공 시점을 기다리며, 보유를 통해 더욱 높은 수익을 실현할 수도 있다.

여기까지 출구전략을 이야기했다. 우리가 성공하지 못하는 큰 오류가 하나 있는데 그것은 완벽을 추구한다는 것이다. 모든 일에 항상 최악의 상황만 생각하게 된다. 의사, 조종사, 과학자 등은 당연히 모든 상황에 있어 실패를 제로로 만들어야 한다. 하지만 우리가 하는 도전은 리스크를 제로로 만들 수 없다. 최상의 투자, 최고의 수익, 드라마틱한 단기 매도 등은 사실상 존재하지 않는다. 처음부터 완벽한 것을 바라기보다 넘어져도 크게 다치지 않는 작은 계단을 올라가며 체력을 키우면서 차츰 더욱 높은 계단을 올라가야 한다. 부동산 소액 투자를 통해 경매 테크닉을 고도화시켜 나가면 어제보다 더욱 완벽해질 수 있다.

작은 종잣돈으로 나만의 토지,
인천 연수구 나대지

'수도권에 건축 가능한 내 땅을 가고 싶다'는 생각을 한 번쯤은 해보았을 것이다. 혹은 그런 땅을 사서 직접 건물을 지어 거주를 해결하거나 임대구성을 통해 현금 흐름을 만들고 싶다. 하지만 항상 막히는 것이 있다. 터무니없이 비싼 토지값이다. 간혹 비싸지 않은 땅이 나타나지만, 건축할 수 없는 토지로 보면 된다. 이번에 예시할 물건은 인천광역시 연수구에 있으며, 주택규제가 전혀 없는 나대지로 경매가 진행 중이다.

주변 시세보다 저렴한
평당 670만 원에 경매 진행 중

———

다가구, 원룸 건물 등 모든 건축이 가능한 45평 토지가 경매 진행

소재지	인천광역시 연수구 청학동				
물건종별	잡종지	사건접수	2020.03.11	경매구분	임의경매
대지권	149㎡(45.07평)	소유자	신○○	감정가	309,920,000
건물면적	-	채무자	세○○○○○	최저가	(100%)309,920,000
배당종기일	2020-06-15	채권자	㈜○○○○○	보증금	(10%)30,992,000
매각조건					

입찰진행내용

구분	입찰기일	최저매각가격	결과
	2020-12-04	309,920,000	변경
	2021-03-05	309,920,000	변경
신건	2022-03-02	309,920,000	매각

매수인: / 입찰인원: 2명 / 2등입찰가: 321,110,000원 /
낙찰금액: 367,750,000원(119%)

대장옥션을 통한 인천광역시 연수구 청학동 물건의 사건 정보.

중이다. 무엇보다 매력적인 것은 현재 경매가 진행 중인 금액이다. 경매 물건지 주변의 토지 시세는 평당 최소 1,000만 원 이상이지만, 해당 경매 물건은 평당 670만 원에 경매가 진행 중이다. 평당 최소 200만 원 이상의 안전 이윤을 확보한 후 매입할 수 있는 경매 물건이다. 토지는 유한하다. 예를 들어, 주택은 건폐율 및 용적률을 늘려 추가 공급을 확보할 수 있지만 토지는 늘릴 수 없다. 하물며 지하 및 지상까지도 토지에 소유권을 주장할 수 있다.

그래서 부동산 투자 때 토지 투자는 필수 요소다. 현재 경매 물건의 종별은 인천광역시 연수구 잡종지다. 잡종지라고 하면 건축이 불가능한 토지라고 잘못 생각할 수 있다. 이건 잘못된 생각이다. 요즘은 오히려 대지보다 잡종지를 선호한다. 그 이유는 대지의 경우 원칙적으로 주택과 같은 건물만 건축할 수 있게 고정되어 있지만, 잡종지는 용도가 확정되지 않아 보다 다양한 건축물을 신축할 수 있기 때문이다.

예를 들어, 운전학원, 주차장, 주유소 등을 별다른 인허가 및 절차 없이 신축할 수 있다. 다양한 수요층을 만들 수 있어 요즘은 잡종지를 더욱 선호한다. 현 경매 물건은 토지 45평이며, 감정가 3억 992만 원부터 진행한다. 토지의 용도지역은 1종 일반주거지역이며, 건폐율 60% 용적률 200%까지 적용하여 건축할 수 있다.

토지를 낙찰받고 인수되는 사항이 있는지 권리분석을 해보겠다. 토지 등기부상 최초 설정된 권리는 2016년 10월에 설정된 근저당이며, 근저당은 말소기준권리로 낙찰 후 모든 권리는 소멸한다. 현재 나대지 상태로 별도 임차인이 없어 인수되어 보증금은 없다. 권리상 인수되는 사항이 없는 깨끗한 경매 물건이라 할 수 있다. 이 토지의 주변 시세와 인프라를 간략히 체크해보겠다. 물건지 주변으로는 송도역이 있고, 문학IC도 근접해 있어 교통의 편의성을 확보하고 있다. 또한, 물건지 주변으로는 단독주택 등이 혼재해 있고, 각종 공원도 가까이에 있어 조용한 주거 환경을 확보하고 있다.

물건지 주변 토지 시세도 점검해보도록 하겠다. 물건지 주변으로 일반 나대지 매물은 비교적 없는 편이며, 일부 나와 있는 매물의 경우 토지 평당 1,200만 원대다. 45평인 경매 물건은 3억 1,000만 원에 경매가 진행 중이니 평당 가격은 690만 원이다. 주변 토지 시세인 평당 1,000만 원 대비 최소 300만 원 이상은 저렴한 상태다. 평당 300만 원씩 45평을 곱하면 안전 이윤 1억 3,500만 원은 확보한 상태에서 투자할 수 있다. 여기까지 수도권에 소재한 건축 가능한 나대지 경매 물건을 이야기했다. 요약해보면 단독 및 다가구 밀집 지역에 현재는 건축물이 없는 나대지로 경매가 진행 중이다.

이곳은 주거밀집지역이라 주변에 나대지 매물이 흔치 않아 토지 시세를 가늠하기 어렵다. 희소성 있게 나와 있는 매물의 가격과 비교해보면 이들은 평당 1,000만 원에서 1,200만 원에 시세를 형성하고 있다. 하지만 이 경매 물건은 평당 690만 원으로 경매가 진행 중이기 때문에 주변 시세 대비 1억 원 이상으로 충분히 저렴하다고 볼 수 있다. 주거밀집지역에 건축물이 없는 나대지는 흔한 경매 물건이 아니다. 희소성을 가지고 있으며, 추후 미래가치 또한 유망한 편이다.

임장 내용과
세 가지 성공 전략

—

이 나대지를 임장해보니 양옆으로 주택이 있는 이 토지는 건축물 없이 빈 터인 나대지였다. 이런 경우 통상 이 빠진 토지라고도 부른다. 이런 토지를 시세 대비 저렴하게 매입한다면 단기 매도가 충분히 가능하다. 낙찰 후 현수막만 설치하더라도 건축업자들이 관심을 보

인천광역시 연수구 청학동 물건의 지도상 정보.

인다. 현재는 누군가 농작물을 경작하고 있다. '도심 속에 그것도 건
축행위가 가능한 토지에 왜 경작행위를 하는 걸까?'라고 생각할 수
도 있지만 이유는 간단하다.

현재 경매가 진행 중이니 새로운 주인이 나타날 때까지 소유자나
이웃이 임의로 이렇게 경작행위를 하는 것이다. 낙찰 후 소유자가 나

타나면 전부 철거해야 하는 사항이니 우려하지 않아도 된다. 나대지 옆 건물은 3층 다가구다. 현 경매 물건의 토지면적과 거의 흡사하여 비슷한 규모의 건축물을 올릴 수 있다고 생각하면 된다.

이 나대지의 임장 체크를 해보니 첫째, 현 경매의 채권 금액이 무겁지 않아 취하될 여지가 있다. 기존에도 변경 및 취하를 한 이력이 있어 입찰 전까지 지속해서 모니터링할 필요가 있는 물건이다.

둘째, 토지를 볼 때 항상 1순위로 봐야 할 것이 도로다. 도로는 토지의 생명과도 같아 도로조건에 따라 토지의 가치가 결정된다. 단독 및 다중 주택을 신축하기 위해서는 도로 폭 4~6m를 확보해야 한다. 토지로 진입하는 데 장애물이 있는지와 경사도도 체크해야 할 사항이다. 토지가 임야라면 경사도가 25도를 넘는지 아닌지를 체크해야 한다. 만약 25도가 넘으면 산지 전용 허가를 획득하기 어려워 결국 건축이 불가할 수 있다.

셋째, 토지 체크를 해야 한다. 현재 토지 모양은 건축에 있어 가장 적합한 사다리형 평지이며 1종 일반주거지역이다. 건폐율 60%, 용적률 200%까지 적용받는다. 이 나대지 물건의 조건을 요약해보자. 주변 건축 가능한 토지 시세는 평당 최소 1,000만 원 이상이지만, 해당 물건은 평당 690만 원에 경매가 진행 중이다. 평당 300만 원 이상은 안전 이윤을 확보한 후 매입할 수 있다.

토지는 45평이지만 약 40평을 가정하고 평당 300만 원을 곱하면 1억 2,000만 원 이상 저렴하게 매입하는 형태다. 현장에서 보니 도로 폭과 토지 모양 등은 모두 양호한 편에 속한다. 이 지역에는 추가적

| 행위가능여부 | 건폐율·용적률 | 층수·높이제한 | 건축선 | 도로조건 |

- 건폐율과 용적률은 법령 및 조례에서 규정한 수치를 단순 산출한 것으로서 모든 법률적 요건을 계산한 결과가 아닙니다.
- 용도지역별 면적은 단순 추출한 것으로서 전체면적과 일치하지 않을 수 있습니다.
- 본 서비스는 법적 효력이 없으며, 참고자료로만 활용이 가능합니다.

| 소재지 | 인천광역시 연수구 청학동 |

▪ 산출정보 (규제 법령 기준일: 2021.07.13.)

만화설명 보기

건축면적 건폐율 60% 약 3층 ※ 최대건폐율 기준 용적률 200%

전체 토지

(산출면적 기준일: 2022.01.04.)

| 전체면적 | 149m² | 제2종일반주거지역 | 147.8m² |

▪ 규제 법령 (규제 법령 기준일: 2021.07.13.)

용도지역지구	건폐율(조례)	용적률(조례)
1종 일반주거지역	60%	200%
건폐율		

인천광역시 연수구 청학동 물건의 건폐율 및 용적률 정보.

인 호재가 있다. 도시재생사업에 선정된 지역이라는 점이다. 도시재생사업은 낙후된 지역 일대를 개선해주는 사업이다. 외부 수요층 증가로 인해 향후 기대수익이 더욱 높아질 수 있다. 이 토지를 어떤 식으로 수익 연결할지 결정하면 된다.

인천광역시 연수구 청학동 물건의 네이버 부동산 시세.

이 토지는 총 3가지로 출구전략을 잡는 것이 좋다. 첫째, 경매낙찰 후 안전 이윤 확보한 상태에서 현재 시세로 단기 매도한다. 현재 일반 나대지 매물은 적은 편이라 중개사무실에 매물을 내놓으면 다양한 건축업자의 러브콜을 받을 수 있다. 둘째, 도시재생사업지구로 선정되어 향후 지역의 가치가 변경될 예정이니 적금 들어 두었다고 생각하고 중장기 보유전략을 펼 수 있다. 전세자금대출이자, 자동차 할부대출이자, 명품의류 구매를 통한 카드 할부이자 등 모든 것은 소멸하는 돈이다. 하지만 토

PM(Program Management)

수많은 공사(bid package)로 구성된 복합 프로젝트의 경우, 다수의 프로젝트(multiple project)를 총괄 관리하는 것을 말한다. 프로젝트 관리의 범위도 계획단계부터 유지관리에 이르기까지 건설사업의 전 단계를 다룬다. Project Management는 Program Management와 사업 범위는 같으나 다수의 프로젝트가 아닌 단일 프로젝트를 관리한다는 점에서 다르다.

지를 매입한 후 지출되는 대출이자는 버려지는 돈이 아니다. 최소 몇 배 혹은 몇십 배로 돌려받는 지출이다. 그러니 부동산 투자의 본질은 보유에 있다는 것을 꼭 인지했으면 한다.

셋째, 신축을 통해 수익화를 만드는 과정이다. 토지는 1종 일반주거지역으로 건폐율 60%, 용적률 200% 가능하다. 약 40평 기준 바닥면적 24평과 최대 용적률 80평으로 건축행위를 할 수 있다. 코어 전용 부분을 제외하면 바닥면적 20평씩 총 3개 층에 건축행위를 할 수 있다. 신축을 진행하기 위해 충분한 수요층 및 수지분석을 진행해야 한다. 주변 빌라에 전·월세 시세 조사, 도급으로 진행했을 때의 건축비, 건축 시행 기간 등을 면밀히 조사한 후 건축사업을 시작해야 한다. 본인이 신축에 대한 경험이 없다면 전체를 총괄하며 어시스트할 수 있는 PM을 섭외하여 진행하면 된다.

PART
07

꼬마빌딩 구입 후
법과 제도까지
관리하기

꼬마빌딩 보유하는 동안
세금 종류 파헤치기

사업자등록과
부가가치세, 취득세, 재산세, 임대소득세까지
—

　꼬마빌딩을 보유하거나 처분할 경우 세금 종류가 많다. 주택을 취득하는 경우에 임대소득을 신고하기 위해 사업자등록을 하는 것이 의무화되어 있다. 개인 사정상 사업자등록을 안 하는 이들도 있지만, 부가가치세를 내야 하므로 사업자등록은 필수다. 반드시 사업자등록을 해야 하는데 여러 가지 문제점이 발생하기도 한다. 그래서 부가가치세와 사업자등록 관련하여 문제점을 미리 파악하고 대응 방법을 습득해야 한다. 취득세율은 상황마다 다르지만 주택 수에 따라 10%까지 증가하지 않기 때문에 4.6%라고 생각하면 된다.

　예외적인 사례로 주택과 상가가 같이 있는 경우, 1층에 상가, 3층에 주택으로 되어 있는 꼬마빌딩이라면 다를 수 있다. 꼬마빌딩을 취득했을 때 취득세를 어떻게 내는지도 확인해야 한다. 법인으로 취득할 때는 과밀억제권역 내 부동산은 중과세를 낼 수 있다. 그러니 그런 부분은 주의해야 한다. 보유단계에서는 재산세, 임대소득세를 납부해야 하고, 임대료를 받을 때도 부가가치세에 대한 세금계산서를 발행해야 한다. 이렇게 법인과 개인이 부동산을 취득할 때 어떤 부분이 다른지도 염두에 두어야 할 사항이다. 근린생활시설의 경우 4.2% 계산하면 되겠지만, 전용주택은 취득세율이 다르므로 양자를 나누어 계산해야 한다.

예를 들어, 다주택자 A는 최근 시세 합계 40억 원대 아파트 3채를 모두 처분하고 새로운 투자처를 물색하고 있는데 다주택자 보유세가 눈덩이처럼 불어 올해 그가 내야 할 재산세와 종합부동산세만 5,700만 원 정도가 된다. 요즘 A가 눈여겨보고 있는 부동산은 50억 원 미만의 꼬마빌딩이다. 비슷한 가격대 강남 아파트를 보유하는 것보다 대출을 더 많이 받을 수 있고 안정적인 임대소득도 가능하기 때문이다. 보유세 역시 다주택자와 비교하면 12%에 불과하다.

또한 주택보다 높은 대출한도, 짭짤한 임대수익, 낮은 보유세와 증여세 부담 등이 장점이다. 꼬마빌딩은 대출한도가 높아 같은 금액이라면 진입 장벽이 주택보다 낮다. 주택 시장에서 서울 등 투기지역이나 투기과열지구로 지정되면 주택담보대출비율(LTV)이 낮다. 9억 원 이하 주택은 집값의 40%까지만 대출할 수 있고, 15억 원 초과 주택은 아예 대출할 수 없다. 꼬마빌딩은 아직도 시세의 70~80%까지 대출할 수 있다. 꼬마빌딩은 세 부담도 적은 편이다.

세법상 비주택이어서 건물이 아닌 토지분 종합부동산세가 부과되는데 80억 원이 넘는 경우에만 내면 된다. 대부분 꼬마빌딩은 50억 원 미만이어서 종부세 부담은 거의 없다. 여러 채 보유하면 양도소득세 등을 중과세하는 주택과 달리 빌딩은 중과세도 적용받지 않는다. 꼬마빌딩은 증여세를 따질 때 시가가 아닌 공시지가나 기준시가를 활용할 수 있어 증여세를 절세할 수도 있다. 미리 증여하면 증여 후 가치 상승분에 대해서는 상속세, 증여세를 절감할 수 있어 똑똑한 꼬마빌딩은 증여용으로도 인기가 높다. 하지만 증여세를 기준시가로 신고하는 경우 국세청이 감정할 수도 있으니 주의할 부분도 있다.

건물주가 되려면
어떤 준비를 해야 할까?

—

많은 사람이 건물주가 되기 위해 끊임없이 노력한다. 건물주가 되려면 어떤 준비를 해야 하는지 알아봐야 한다. 빌딩이라고 하면 대형, 고층 빌딩을 떠올리는데 그런 큰 빌딩의 가격은 엄청나다. 큰 자금이 없는 일반인은 빌딩 매매의 용이성 또한 고려해 보아야 한다. 따라서 그런 조건에 부합한 꼬마빌딩이 최근 물망에 오르고 있다. 50~60평의 바닥면적에 건축 연면적으로 150평의 4~5층 정도로, 이면 도로에 자리 잡은, 흔히 볼 수 있는 작은 건물이 일반 개인이 투자하는 꼬마빌딩의 평균적인 모습이라고 생각하면 된다. 개인투자자가 작은 꼬마빌딩을 매입하고 관리하다가 팔고 양도 차익도 보면서 이익을 얻는 사례는 많다.

그러면 자금이 얼마 정도 있어야 꼬마빌딩을 소유할 수 있는지 살펴보자. 빌딩 가격도 지역에 따라 각기 다르다. 강남이든 서울의 다른 지역이든 그 지역의 아파트 가격의 최소 2~3배 정도 되는 가격이 그 지역 꼬마빌딩의 최소금액이라고 보면 된다. 보통 30억 원짜리 빌딩을 매입하려면 본인 자금이 얼마나 들어가는지 궁금해하는데 일단 매입자가 개인사업자인지 법인사업자인지에 따라 달라진다.

RTI란 임대업 이자상환 비율, 즉 임대수익으로 어느 정도까지 이자 상환이 가능한지 산정하는 지표다. 개인사업자는 RTI 제도가 적용되어 대출에 제한이 있고, 법인사업자는 RTI 제도와 무관하게 대출할 수 있다. 한마디로 정리하면 개인사업자는 RTI라는 법규 때문에 대출의 제한을 받고, 법인은 RTI에서 벗어나 있으므로 대출 규제를 덜 받는다는 뜻이다.

개인사업자는 대출이 50~60% 나오고 법인사업자는 70~80% 나온다. 예를 들어, 30억 원짜리 꼬마빌딩을 매입한다고 했을 때 개인사업자로 매입할 경우는 60% 대출을 받을 수 있고, 40% 내 돈이 필요하다. 12억 원 정도가 필요하다고 보면 된다. 반면 법인이 매입하면 80%를 대출받으면 20% 내 돈이 필요하다. 6억 원 정도만 있으면 된다. 물론 법인의 재무제표가 좋아야 한다. 신생법인도 최근에 건물을 매입하

RTI

RTI(Rent To Interest, 임대업이자상환비율)는 부동산임대업의 이자상환비율로 담보가치 외에 임대수익으로 어느 정도까지 이자 상환이 가능한지 산정하는 지표다. 산출 방식은 '(상가가치×임대수익률)÷(대출금×이자율)'이다.

는 사례가 많다. 신생법인은 대표 혹은 주주를 보고 대출을 진행한다. 은행에도 재무평가와 비재무평가가 있다. 비재무평가로 재무평가를 갈음하는데 그때 대표자 신용이 중요하다. 어느 정도 성장한 법인이라면 대출 진행에 큰 문제가 없을 것이고 신생법인이라면 대표자, 주주의 재산이나 신용에 따라 다를 수 있다.

꼬마빌딩 보유 시 본격적으로
어떤 세금을 내야 할까?

—

본격적으로 꼬마빌딩을 보유하게 되면 세금은 어떻게 되는 걸까? 세금 부분은 아파트나 빌딩이나 거의 비슷하다. 뭐든 매입하면 취득세를 내야 한다. 개인사업자, 법인사업자 똑같이 취득세는 매입가의 4.6%이다. 개인사업자인데 다주택자라고 했을 때 건물을 사는데 옥상에 주택이 있으면 주택 1채가 추가되기 때문에 2주택이 되면 8%, 3주택이 되면 12%를 내는 경우가 있다. 법인의 경우 매입한 건물에 주택이 있다면 주택에 대한 취득세가 12%다.

서울특별시 또는 서울 인근에 과밀억제권역이라고 묶여 있는 곳이 있다. 과밀억제구역 매입 시에는 설립한 지 5년 미만의 법인은 9.4%의 취득세가 중과된다. 건물을 매입하면 재산세는 똑같이 부과되고, 소득이 발생하면 소득세를 납부하게 된다. 재산세는 7월에 건축물, 9월에 토지분에 대해 부과한다. 토지에 대한 재산세가 높아서

7월에 좀 적게 내고 9월에 많이 낸다.

종부세는 건축물이 있는 땅에만 부과되는데 공시지가 80억 원이 넘어야 한다. 종부세는 꼬마빌딩에 부과되지 않는다. 다만 임대료 소득이 발생하니 법인으로 매입을 했으면 법인소득세를 내게 된다. 개인으로 매입하더라도 개인소득세는 부과된다. 최근에는 개인보다 법인 명의로 부동산을 구입하는 사례가 많다. 이유는 개인사업자의 경우 근로소득이 있는 상태에서 임대소득이 합산되어 종합소득을 내다 보니 높은 세율로 내게 된다. 법인사업자는 법인 총매출액에 따라서 차등되지만 2억 원 미만은 10%, 2억 원 이상은 20%다. 그런데 대부분의 꼬마빌딩 월세는 1년 다 합쳐도 2억 원이 안 된다.

꼬마빌딩 부동산 수익률
분석하는 방법

　시세 조사에 임하는 감정평가사는 감정가를 높게 측정하려는 경향이 있다. 법원 경매 물건의 감정가 역시 최대한 높게 책정하려는 경향이 강하다. 낙찰가를 높여 다수 채권자에게 빠짐없이 배당하려는 의도가 있기 때문이다. 그러니 투자자는 경매 물건의 감정가를 맹신하지 말고 실제 부동산 물건이 현재 어느 정도의 가격이 형성되어 있는지를 냉철하게 따져보아야 한다. 유찰되는 횟수가 많을수록 투자자가 수익을 챙길 수 있는 여지는 커지게 마련이다. 현재 시세보다 낮게 감정가가 형성되어 있는 물건을 찾았다면 감정가에 바로 응찰하면 되지만, 반대로 물건이 현 시세보다 높게 측정되어 있다면 1회에서 2회 유찰된 후에 수익률을 분석하여 입찰하면 된다.

　아무리 좋은 물건이라도 수익률 분석에 오류가 생기면 원하는 수익을 만드는 데 리스크가 발생할 수 있다. 그래서 수익률 분석 기준을 꼭 알아야 한다. 무조건 수익률 분석에서 체크해야 하는 항목은 다음과 같다.

첫째, 취득세 계산을 하고 입찰에 임해야 한다. 6억 원 이하로 전용면적 85㎡ 이하인 주택의 취득세는 거래가의 1%다. 여기에 지방교육세 0.1%가 더해지는데 둘을 합해 1.1%를 부담해야 하지만 전용면적이 85㎡를 초과하면 세율이 변한다. 취득세 1%는 동일하지만 농어촌특별세 0.2%와 지방교육세 0.1%가 더해져 합계 1.3%를 세금으로 내게 된다. 전용면적 84㎡ 이하는 국가가 정한 국민주택이다.

예를 들어, 득하고자 하는 경매 물건 가격이 1억 원이며 전용면적 85㎡ 이하일 때 1.1%인 110만 원의 취득세를 내야 한다. 요즘은 간편하게 취득세를 계산해주는 스마트폰 무료 앱도 많아서 취득세를 확인한 후 입찰에 참여해야 한다. 낙찰받으면 소유권을 내 명의로 변경하는 절차를 진행해야 하고, 그러자면 취득세와 등록세를 납부하는 것이 당연하다. 경매로 낙찰받은 물건은 취득세와 등록세를 내지 않아도 되는 것으로 오인하는 이들이 의외로 많다. 경매낙찰을 통해 부동산을 취득해도 취득세와 등록세를 내는 것은 마찬가지다.

둘째, 명도 및 인테리어 비용을 감안해야 한다. 이사비용을 지급하는 것은 법적 의무사항이 아니다. 하지만 이사비용을 지급함으로써 원만한 명도를 하면 기대보다 큰 이익을 얻는 경우가 많다. 명도에 관한 좀 더 세밀한 사항은 앞에서도 거론했으니 참고하면 된다. 명도비용으로 얼마를 지급하는 것은 상대를 위하는 것처럼 보일 수 있지만 실상 낙찰된 물건을 빨리 처리할 수 있다는 점에서 낙찰자 자신을 위한 지출이라고 볼 수 있다. 장기적으로 따져보았을 때 이익을 추가로 만들 수 있으니 꼭 명도비용을 고려하여 입찰가를 선정하기 바란다. 그리고 낙찰받은 물건이 비워진 상태에서 살펴보면 수리해야 하는 항목이 발견되는 경우가 생기게 마련이다. 하루라도 빨리 세입자를 구하거나 매도를 성사시키기 위해서는 벽지, 장판, 화장실, 조명 등에 대해 적절한 수리가 이루어져야 한다.

당장은 수리비를 지출하지만 수리로 인해 더 큰 수익을 만들 수 있다고 생각해야 한다. 그러니 응찰을 준비할 때 인테리어 비용을 산출하여 응찰 가격을 책정해야 한다. 시설물이 고장 났거나 심하게 훼손되어 있으면 부동산의 가격을 하락시키는 요인이 된다. 적절한 비용을 투자해 수리하고 보수하면 투입된 비용 이상을 보장받을 수 있다. 그러니 낙찰을 받은 물건에 대해 기본적으로 불편한 점, 불결한 점 등을 말끔히 해소해 임대를 놓거나 매도를 시도하는 것이 절대적으로 유리하다. 수리비용을 계산해본 다음에 응찰해야 하는 이유다.

셋째, 경매낙찰 이후 법무비를 감안해야 한다. 경매를 진행하면 법무사가 대행해주는 역할이 있다. 법무 비용이라 하면 경락잔금 대출을 통해 대금납부, 채권 말소비용, 송달료, 세금 대리 납부 등 경매 입찰 후 전체적인 공정을 대리하여 진행해주는 비용을 말한다. 법무비 견적에 법무사 서비스 비용이 다수 포함되어 있으므로 유동적이다. 최소 10곳 이상 법무사무소의 법무비 견적을 받아 보고 합리적인 법무비를 제시하는 곳과 계약을 체결하면 된다. 법무 비용 절감을 위해 전체 법적 공정을 직접 처리하는 이들도 있지만, 만만치 않은 시간과 노력을 투입해야 하기 때문에 법무사의 도움을 통해 절차를 밟는 것이 효율적이다.

넷째, 경매 물건을 낙찰받고 경락잔금 대출을 받으면, 임대 놓는 기간 혹은 공실 상태에서 매도하는 기간을 대략 예상하여 이 기간에 부담해야 할 대출이자를 감안해야 한다. 경매낙찰 후 즉시 세입자를 구하거나 바로 매도가 되면 대출이자를 생각할 필요가 없지만, 통상 낙찰받은 물건에 3개월 정도 대출이자를 지불할 수 있는 여력을 가지고 입찰 참여를 해야 한다. 물론 그 이상의 시간이 소요될 수 있다. 그러니 이자 비용을 꼭 염두에 두고 계산하여 이를 반영한 가운데 응찰해야 한다. 공실 상태가 지속되면 이자 부담도 만만치 않다. 그러니 이 문제를 꼭 고려해야 한다.

마지막으로, 취득 부동산 매도 시 발생하는 양노소득세를 삼안해야 한다. 양도소득세는 '토지나 건물 등의 부동산을 다른 사람에게 양도했을 때 발생하는 소득에 대해서 발생하는 세금'이다. 1년 미만 소유한 부동산을 매도할 때 양도소득세는 양도 차액의 40%이며, 보유 기간이 길어질수록 세율은 줄어들게 된다. 단기 매매는 투기를 목적으로 한 거래일 수 있다는 이유로 징벌적 과세가 매겨진다. 이 매도 차액에 목적을 두고 부동산 경매에 참여했다면 본인이 원하는 수익이 양도소득세를 제외하고도 목표에 도달하는지를 파악해서 경매 입찰가를 선정해야 한다. 양도소득세는 투자자의 수익을 가장 치명적으로 줄이는 원인이 될 수도 있으므로 신경 써야 한다.

하지만 양도소득세를 줄일 방법이 다양하게 있다. 1년간 보유하면 250만 원의 기본공제를 받을 수 있는 것을 비롯해 취득세 및 등록세,

교체 및 수리비용, 중개수수료 등으로 발생한 지출에 대해서도 양도 차익 면에서 공제를 받을 수 있다. 그러니 다양한 항목으로 지출된 사항을 꼼꼼히 체크해두고 영수증도 잘 보관해야 한다. 공제받을 수 있는 지출 항목을 챙기지 못하거나 영수증을 잘 보관해두지 않으면, 그 비용이 모두 투자자의 수익으로 계산되어 그만큼 많은 액수의 양 도세를 납부해야 한다. 부동산과 관련된 모든 투자에서는 세금을 얼 마나 효율적으로 줄이느냐가 중요한 관건이 된다.

여기까지 부동산 경매 입찰 전 원하는 수익률을 만들기 위해 꼭 챙겨야 할 항목들을 소개했다. 소개한 사항은 필수 항목들이므로, 낙 찰을 받고도 수익이 안 나오는 불상사를 피하려면 철저한 수지분석 이 이루어져야 한다. 그래야 원하는 수익을 올릴 수 있다. 모든 투자 가 그러하듯 투자와 관련된 법적 사항과 세금 부분 등을 빈틈없이 챙 겨야 불필요한 지출을 막을 수 있다. 불필요한 지출을 막아내는 것은 그만큼 수익을 더 많이 챙길 수 있다는 것과 같다. 이러한 내용을 숙 지하고 실전에 반영해야 한다. 대충하면 원하는 수익을 발생시킬 수 없다.

인테리어 사례,
꼬마빌딩 관리하며 가치 올리는 방법

'지층 빌라는 안 팔린다', '지층 빌라는 줘도 안 가진다' 등 이런저런 이야기를 하는 이들이 많다. 실제 그런가 확인하기 위해 경매 낙찰받아 인테리어 후 매도까지 해보았다. 소액을 투자하여 최소 1,000만 원 이상의 차익을 만들 수 있다는 것을 확인해보겠다. 이 주택은 누가 봐도 최악의 조건에 있는 빌라다. 700만 원가량을 투입해 인테리어를 했다. 500만 원대에 전체 인테리어를 하려고 했는데 진행하다 보니 자꾸 욕심이 생겨 생각했던 금액보다 200만 원 정도 추가로 지출한 것이다.

외관 인테리어 사례

집을 계약할 때 주도권은 남성에게 있을까? 여성에게 있을까? 남성은 값이 저렴하고 잠자는 데 지장만 없으면 만족하는 편이다. 하지만 여성의 경우 가격은 둘째고 거주의 편리성과 직결된 인테리어를 보고 선택한다. 즉, 모든 주도권은 여성에게 있다. 그러니 여성이 자주 사용하는 주방, 화장실, 베란다는 신경 써서 인테리어를 진행해야 한다. 반지하 빌라 인테리어 공정은 직영 시공과 셀프 공사를 믹스하여 진행했고, 반지하라는 특성상 어두운 것을 탈피해 최대한 환하게 꾸미는 데 중점으로 두었다. 지층이다 보니 집이 습할 수 있고 비가 오면 집안으로 물이 들어올 수도 있어 이를 방지하는 데 초점을 맞춰 인테리어를 구성했다. 페인팅은 직접 시공해 해결했고 각종 인테리어 집기를 구매하여 배치했다. 총 인테리어 기간은 2주일 정도 소요되었다.

우선 현관부터 손을 봤다. 빌라 입주민 모두가 사용하는 공용현관의 낡은 정도가 심해 도색을 할지 말지 많이 고민했다. 고민 끝에 공용부분인 현관 세척과 페인트 도색 전부를 작업했다. 도색 작업을 했는데도 현관문이 너무 지저분해 보여서 스티커 제거 및 세척 작업을 하여 내부까지 깔끔해 보이게 했다. 현관 청소 및 세척 비용은 공임 및 자재비를 포함하여 약 5만 원 정도 들었다.

공용현관을 들어가면 바로 우편함이 보인다. 기존 우편함이 너무 지저분해서 교체했다. 더불어 우편함 주변 천장 도색 작업을 진행했

주방 인테리어 수리 전(좌)과 인테리어 수리 후(우) 비교 사진.

다. 오래되어 보기 싫은 스테인리스 우편함을 제거한 후 아크릴 재질의 새 우편함으로 교체 시공했다. 지하로 내려가는 공용 계단도 부분 도색을 진행했다. 1층으로 연결되는 입구, 계단 벽면, 천장까지 전부 도색 작업을 진행했다. 지층 계단 페인트와 우편함 교체 비용은 다세대 우편함 2만 원씩 8개에 16만 원을 지출했다. 도색 작업 및 전체 페인트 작업에 5만 원 정도 지출했다.

집 문 앞쪽은 이전에 배관이 외부로 돌출되어 있었고 유격이 맞지 않아 일부 물이 새기도 했다. 그래서 관 전체를 교체했다. 관 교체 및 가림막 설치를 통해 여유 공간을 더욱 확보했고, 인조잔디와 수납장 배치까지 완성했다. 지하 공간 공사는 전부 셀프로 진행했다. 나무 합판 3장을 5만 원에 구매하여 작업했다. 인조잔디와 수납장은 인터넷 쇼핑을 통해 15만 원에 구매했다.

다음은 세대 현관문이다. 기존 현관문은 페인트가 벗겨져 교체하고 싶었지만, 소액으로 해결해야 할 상황이어서 기존 색상을 살리면서 부분 도색을 진행했다. 지층의 특성상 치안 문제를 해결하고자 스마트 인터폰을 설치했다. 초인종을 누르면 집안 모니터와 함께 등록한 핸드폰 화면으로도 호출자를 확인할 수 있는 기능의 최신형을 선택했다. 언제 어디서든 집에 누가 방문하면 확인할 수 있는 시스템이다. 현관문까지 가지 않고도 핸드폰을 이용해 밖에 누가 왔는지 확인할 수 있다. 디지털 도어록까지 설치해서 치안 문제를 해결했다. 지출 비용은 스마트 인터폰 10만 원, 디지털 도어록 10만 원이었다. 현관문 도색은 집안 전체 페인팅 시공비로 계산해 별도의 비용을 산출하기는 어렵다.

현관문을 들어서면 바로 신발장이 있다. 기존 신발장은 타일이 너무 오래되어 균열도 있고 테두리는 깨져 있었다. 육안으로 보았을 때도 많이 지저분해보였다. 타일 상태가 좋지 않아 전체 뜯어내고, 고급스러운 대리석 타일로 시공했다. 그리고 포인트로 금색 몰딩 마감을 했다. 기존에는 현관과 주방을 분리해주는 가림막이 없었다. 공간을 분리할 수 있는 철제를 사서 설치해 공간 분리와 수납공간 확보라는 두 가지 문제를 동시에 해결했다. 공간 분리 철제 파티션 비용이 15만 원이었고, 타일 비용은 전체적인 타일 시공비용에 합산했다.

현관 옆 작은 방에 들어가보니 벽지가 생각보다 나쁘지 않았다. 환한 느낌이어서 수리하지 않으려 했는데 막상 뜯어보니 부식이 심했다. 그래서 전체를 제거한 후 새로 시공했다. 안방도 같은 방법으로 시공했다. 외벽과 닿는 부분은 단열 작업을 하고 교체작업을 진행했다. 집이 협소하다 보니 모든 문틀을 제거하여 방마다 개방감을 주었고 철거 후 시멘트로 마감처리를 진행했다.

내부 인테리어 사례

───

완성된 집안 내부를 살펴보자. 전체적으로 화이트 분위기를 살려 공간이 더욱 넓어 보이는 효과를 만들었다. 추가로 모든 방문도 화이트 컬러로 교체했고, 금색 손잡이를 장착해 포인트를 주었다. 안방과 화장실 문도 같은 색상으로 교체 시공했다. 벽지와 장판 시공비용은 전체적으로 계산했다. 안방도 벽지의 부식이 심해졌다면 시공해야 한다. 철재인 창틀은 지저분했고 답답한 느낌을 주어 흰색으로 교체했다. 커튼도 설치했다.

물건이 지하라는 점을 고려하여 습도를 간편하게 점검하면서, 환기할 수 있게 방과 방 사이에 습도계를 설치했다. 통상 적정습도는 50~60% 사이이며, 습도가 높아지면 각종 진드기와 곰팡이 번식이 활발해진다. 상시 습도를 체크하여 환기, 제습기나 제습제, 선풍기 등으로 관리할 수 있도록 준비했다.

총 공사 비용

안방, 작은방, 화장실 문짝 3개 교체: 60만 원

광폭합성지 도배 시공: 120만 원

장판 시공: 50만 원

문틀 철거 및 시공: 70만 원

습도계 구입: 5만 원

인테리어 중 가장 신경을 많이 쓴 곳은 주방이었다. 기존 주방은 각종 음식물 기름때가 묻어 있있고 싱크내도 부분적으로 파손되어 있었다. 싱크대 유격이 맞지 않아 수도꼭지를 틀면 조금씩 물이 밑으로 새는 곳도 있었다. 그래서 최대한 무게감을 줘서 주방에 인테리어를 진행하기로 했다. 우선 싱크대 상·하부장을 전부 철거한 후 교체 작업을 진행했다. 기존 수전도 새것으로 교체했다.

타일은 이물질을 쉽게 지울 수 있고 방수가 되는 고급형으로 전면 교체했다. 싱크대 하단은 화이트 컬러로 작업했다. 조명을 받았을 때 반사되어 더욱 환한 이미지를 연출하도록 고려한 것이다. 조명은 자유롭게 각도를 변경하여 비출 수 있도록 레일 전구를 설치했고 추후 레일을 추가했다. 비좁은 주방 공간을 더 넓게 보이게 하는 효과가 나타났다.

주방 인테리어 비용

싱크대 설치: 90만 원

간접 조명 등: 3만 원

레일 조명 3구: 5만 원

LED 조명 전체 전구: 3만 원

이번엔 화장실이다. 이 지층 빌라 중에 가장 양호한 부분이 화장실이었다. 그래서 최대한 힘을 빼고 인테리어를 진행했다. 기존 수납장과 작은 거울은 전부 제거하고 일체성 선반을 설치했다. 수납장까지

거울로 연결해 반사 효과를 통해 더욱 넓어 보이는 화장실을 만들었고, 비좁던 수납장을 더 여유롭게 구성했다. 수압이 낮은 수전과 샤워기는 교체했다.

수납장 및 수전 교체: 15만 원

줄눈 시공: 5만 원

마지막 베란다는 지금까지 진행한 중 가장 힘들었고 가장 오랜 시간을 투자했던 공간이다. 가뜩이나 습한 지하실에 이중창 설치가 안 되어 있었고, 새시에 결로 현상이 나타났다. 유격이 맞지 않아 비가 많이 오면 창문으로 비가 새어 들어오고 있었다. 그래서 외부 공사와 새시 공사를 진행하고 난 뒤 탄성코트를 작업해 마무리했다. 지층 하단의 외벽에 크랙이 생기면서 작은 누수가 발생했다. 그래서 또한 바로 방수공사를 진행했다. 외부에 균열이 생긴 부분에 방수 효과가 없는 백시멘트를 걷어내고 그 사이로 방수제를 투입한 후 시멘트를 혼합하여 공간을 채웠다.

절대 비 한 방울에 물도 못 들어오게 배수펌프 주위에 턱을 보강하여 고저 차를 만들었다. 비가 많이 와도 끄떡없게 최대한 지층에 단점을 보완하는 데 집중했다. 외부 방수 작업과 새시 교체하고 방충망도 튼튼하게 설치했더니 더는 베란다에 물이 들어오지 않았다. 해충의 침입도 차단되었다. 최악의 상황에 있던 베란다가 새 모습으로 탈바꿈했다. 베란다 실내 전체에 탄성코트를 시공했다. 탄성코트를 시공하는 이유는 일반 페인트는 수분을 머금는 데 그치지만 탄성코트는 평소 수분을 머금고 있다가 건조할 때 배출하기 때문이다. 그래서 탄성코트 시공 후 환기를 잘해주면 뽀송뽀송한 상태를 유지할 수 있다.

수리 전 베란다는 지저분한 상태였다. 크게 변화된 데에는 큰 비밀이 숨겨져 있었다. 베란다에 배수관이 없어서 별도 공간을 만들어 에어컨 배수펌프를 설치했다. 수압계는 배치할 공간이 마땅하지 않고 물이 빠져나갈 공간이 충분치 않아 자연스럽게 주방으로 흐를 수 있도록 설치했다. 수압계 및 각종 케이블이 지저분해 보여 나무 데크를 설치했다. 맨발로 언제든지 걸어 다닐 수 있게 되었다. 자재는 인근 목재 파는 곳에서 구매했고 재단은 전문가인 목수가 해주었다. 설치가 간단해 셀프로 마감했다.

전체 인테리어 비용 합계

우편함 교체 및 지층 서브 공간수리: 66만 원

공간 분리 철제: 15만 원

화장실, 안방, 작은방 문짝 3개 교체: 60만 원

벽지 시공 (광폭합성지 및 단열지 작업): 120만 원

장판 시공: 50만 원

목수 인건비: 70만 원

싱크대 및 조명 교체: 100만 원

베란다 변경 전 ①

베란다 변경 전 ②

베란다 변경 후 ①

베란다 변경 후 ②

화장실 수납장과 수전 교체: 25만 원

베란다 외부 보양 작업 및 페인트 시공: 165만 원

폐기물처리 및 입주 청소: 69만 원

합계: 740만 원 지출

인테리어 비용 합산과
예상 수익률

―

인테리어 비용 합산 예상 수익률을 살펴보자. 지층 빌라 낙찰가는 3,160만 원이며, 인테리어 비용은 740만 원으로 총 투자 비용은 3,900만 원이다. 재개발 여지가 충분히 있는 빌라지만 영상 콘텐츠 목적상 단기 매도를 통해 수익실현할 목적으로 서둘러 매도를 진행했다. 부동산은 현재 계약되었으며 매매가격은 5,500만 원이다. 수익은 총 1,600만 원이 발생한다. 각종 세금 약 50%를 제외하더라도 수익은 최소 800만 원 정도 예상할 수 있다.

양도소득세 단기 세율은 70%인데 취득세, 법무비, 중개비, 기본 공제 등을 제외한다면 양도소득세는 50% 정도 지출될 예정이다. 하지만 이 물건은 법인으로 낙찰받았기 때문에 양도소득세가 20% 정도로 적용되어 개인이 거래했을 때보다 수익이 더 많았다.

여기까지 3,160만 원에 지층 빌라를 직접 낙찰받은 후 인테리어를 통해 주거 공간의 가치 올리는 방법을 설명했다. "일반인은 못하는 허구적인 이야기다", "인건비는 포함하지 않았다" 이런 식으로 얘기하시는 이들이 있다. 인건비 포함하여 전체적으로 전달한 과정이니 참고하면 좋겠다. 해보지도 않고 안 되는 이유만 찾는다면 평생 시작할 수 없다. 누군가 실행한 흔적이 있다면 최대한 긍정적인 생각과 마인드를 가지고 나도 그와 다르지 않다는 생각으로 실천했으면 좋겠다.

주거용 부동산 가치상승의 중점인 인테리어를 마스터하여 평생 활용할 수 있는 기술을 습득하겠다고 생각하며 실행해보길 추천한다. 성공하고 싶다고 생각만 하고 그것을 이루려고 노력하지 않는다면 평생 달콤한 꿈에 그친다. 성공하려면 실행과 실천을 해야 한다. 하지만 성공요건을 만드는 것은 매우 어려운 일이다. 실행을 방해하는 부정적인 요소가 끊임없이 훼방을 놓기 때문이다.

그 부정적인 요소는 대략 세 가지 정도로 살펴볼 수 있다. 첫째는 '우연이야', '저 사람만 할 수 있는 거야', '타고난 재능이 있을 거야' 등 이런저런 생각을 하며, 매사에 부정적으로 사고하는 것이다. 둘째는 게으름과 나태함이다. 대부분의 사람들은 편안함을 추구하는 데 집중하려 하기에 새로운 도전을 시작하기 어려워한다. 셋째는 최악의 상황만 상상하며 도전조차 하지 않고 포기하는 습관이다. 이런 부정적인 요소 세 가지를 털어내지 못하면 더는 경제적 자유를 실천하기 어렵다. 우리는 분명 그 무엇도 될 수 있으며 생각하는 그 이상의 성과를 만들어낼 수 있다.

PART

08

디벨로퍼 과정,
꼬마빌딩을
직접 건축해보자

디벨로퍼 성공,
독산동 신축 이야기

무시무시한 선순위
가처분이 4개나 신청된 물건

　일전에 낙찰받은 경매 물건이 있다. 경매 물건은 서울특별시 금천구 독산동 소재의 다가구주택이다. 건축한 지 38년이나 되어 노후의 끝판왕을 보이는 물건이었다. 왜 38년이나 된 노후주택을 낙찰받았을까? 이 경매 물건은 권리상 특이사항이 있었기 때문이다. 특수 권리에 해당하는 선순위 가처분이 무려 4개나 설정되어 있었다. 가처분이라는 권리는 현재 소유권 다툼으로 소송 중이니, 어떠한 권리도 설정하지 말라는 배타성을 드러내는 특수한 권리다. 즉, 경매 낙찰자 또한 가처분자가 승소하면 소유권을 잃을 수 있는 무서운 권리다.

　이런 무시무시한 선순위 가처분이 4개나 신청된 물건을 낙찰받아 어떻게 잘 해결했을까? 이 물건은 가처분자들이 앞선 소송을 통해

서울특별시 금천구 독산동 물건의 신축 현장 모습(실제 대장TV 유튜브 영상 중).

판결문을 받은 경매 물건이었다. 선순위 가처분자 4명이 동시에 받은 판결문 내용은 소유권을 이전하지 말고, 경매낙찰대금에서 가액반환을 받으라는 것이었다. 경매 낙찰대금에서 배당받고 깨끗하게 소멸하는 권리가 될 수 있다는 것이다. 현재는 4개 가처분 모두 낙찰대금을 배당받아 깨끗하게 권리가 지워진 상태다. 이처럼 선순위 가처분 권리가 있더라도, 가액반환을 받으라는 승소판결문이 있다면 가처분 권리도 소멸한다. 이를 참고하여 무조건 이기는 경매 투자를 진행하길 바란다.

경매 물건은 배당 종기일이 2021년 7월이다. 2021년 7월부터 신축할 수 있었지만, 지가 상승이 빠르게 진행되어 최대한 분양가를 높이고자 개발작업을 조금 더디게 진행했다. 부동산 투자의 종착점은 최초 기획부터 처분단계 및 분양까지 총괄하는 디벨로퍼가 되어 최상의 수익을 만들어 가는 것이다. 시작은 소액 부동산 경매로 시작하면 된다. 처음 부동산 투자는 통상 집합건물 중 빌라, 아파트, 오피스텔을 낙찰받고 수리 및 보수를 통해 처분하는 것을 시작으로 한다. 이후 더 나아가 토지를 매입하여 토목작업, 인허가 등을 통해 가치를 추가한 후 수익을 만들기 시작한다.

이 정도 단계가 되면 자신도 모르게 땅을 매입하여 기획, 설계, 분양하는 과정을 그리게 된다. 이후 디벨로퍼, 즉 부동산 개발업을 하는 단계로 자연스럽게 넘어간다. 이처럼 부동산 경매를 통해 가치가 높은 토지 선정 후 안전 이윤을 미리 확보한다면 부동산 개발 사업은 무조건 이기는 투자가 된다.

두려운 부분은 만약 전부 신축했는데 미분양 상황이 이어지거나 공실 상태가 장기화되는 것이다. 요즘은 리스크를 통제하며 신축하는 일이 가능해졌다. 그것은 한국토지주택공사(LH), 즉 공공기관이 매입을 해주는 제도를 활용하는 것이다. 이 제도를 활용하면 신축 후 미분양 발생 시 리스크를 통제할 수 있다. 하지만 추천하고 싶지 않다. 틀에 박힌 보수적 수익과 기부채납 등 일부 제약사항 등이 존재하기 때문이다. 이처럼 개발사업은 모든 수익을 미리 결정하고 투자를 진행하기 때문에 무조건 이길 수밖에 없는 투자다.

기존의 노후주택은 현재 철거되었다. 철거 시에는 주변에 울타리를 치고 굴착기를 동원했다. 철거 때 생기는 건축 잔해 분진을 가라앉히기 위해 물을 뿌리면서 작업했다. 통상 이런 주택 밀집 지역에서 건물을 철거하면 각종 민원이 발생할 수 있다. 민원이 지속해서 발생하면 공사에 차질이 발생할 수 있기에 철거 진행 전 이웃 주민들에게

■ 설계개요

단위: ㎡

건물명	독산동 ○○ 주택 신축공사	
대지위치	금천구 독산동 378-271호	
지역지구	제2종 일반주거지역	
용도	근린생활시설, 다중주택	
대지면적	119.00㎡	
건축면적	70.84㎡	
연면적	237.75㎡	
용적률 산정 연면적	237.75㎡	
건폐율	70.84㎡÷119.00㎡x100=59.52% (법정: 60%)	
용적률	237.75㎡÷119.00㎡x100=199.78% (법정: 200%)	
층수	지상 4층	
건물최고높이		
구조	철근콘크리트조	
주차대수	법적 기준	다중주택: 1+((175.81-150)/100)=1.25대 근린생활시설: 38.27/134.00 = 0.28대 1.25대 + 0.28대 = 1.53대	1.53대
	주차 계획	옥외 2대	2대
조경면적	법적 기준		
	조경 계획	5.17%	
정화조		
비고		

■ 층별바닥 면적표

단위: ㎡

구분	층별	면적 M2	면적 PY	용도	비고
지상층	1층	23.67	7.16	계단실 및 홀	
		38.27	11.58	근린생활시설	
	2층	64.72	19.58	다중주택-2가구	실면적: 70.84㎡
	3층	64.72	19.58	다중주택-2가구	실면적: 70.84㎡
	4층	46.37	14.03	다중주택-1가구	
	지상층 소계	237.75	71.92	다중주택 - 5가구	
	합계	237.75	71.92	다중주택 - 5가구	
	비고				

주택신축공사 설계표.

작은 선물이라도 제공하면서 양해를 구하면 민원을 잠재우는 데 도움이 된다.

36평 소형토지에 주택 5가구, 근생 1가구

———

36평 토지의 건축물은 어떻게 나오는지 간략하게 설명해 보겠다. 시공 대상은 2종 일반주거지역으로 건폐율 60% 용적률 200%가 적용되는 곳이다. 바닥면적은 약 22평 정도 사용 가능하며, 전체 72평까지 건축할 수 있다. 1층에 근생시설 1가구를 배치했고, 2층부터 3층까지는 약 10평씩 총 4가구를 배치했다. 마지막 4층은 일조권 때문에 깎이는 부분을 참작하여 1가구 약 14평으로 구성했다. 4층은 테라스 면적을 서비스로 사용할 수 있다.

이 36평 소형토지에 주택 5가구, 근생 1가구를 만들 수 있다. 서울에 소액으로 내 건물을 신축한다는 사실은 생각만 해도 좋다. 이 신축 건물의 예상수익을 계산해보면, 토지매입 비용 4억 원이며, 건축면적은 공용부분 및 서비스면적 포함 약 80평이다. 건축은 시공업체와 도급으로 체결해 해당 업체가 각종 인허가, 철거, 신축, 인테리어까지 모두 진행하는 조건으로 평당 600만 원 선의 시공비를 책정했다.

80평을 평당 600만 원씩 시공하면 건축비는 4억 8,000만 원 정도다. 토지매입 비용 4억 원에 건축비를 반올림하여 5억 원으로 잡고 합하면 최종 투자에 들어간 비용은 9억 원 정도다. 건축업의 핵심은 레버리지다. 즉, 건축자금대출 및 토지담보 대출을 일으키면 총 투자 비용의 약 80%까지 수혈이 가능해진다. 레버리지를 이용하면 적은 종잣돈으로도 충분히 땅을 사서 집을 짓는 투자가 가능하다. 현재 물건지 주변 신축급 빌라의 분양가는 최소 평당 2,500만 원 정도를 형성하고 있다. 신축하는 빌딩의 건축면적 80평 중 코어, 즉 공용부분 제외 약 70평만 분양한다고 하더라도 총 14억 원의 수익을 예상할 수 있다. 총 투자 비용은 9억 원으로 예상 분양수익이 14억 원이면 약 5억 원의 기대수익을 만들 수 있다.

애초 토지를 저렴하게 매입했기 때문에 무조건 이겨놓고 싸우는 투자가 가능하다. 만약 경매로 매입하지 않고 일반 시세대로 매입했다면, 기대수익률은 현저히 떨어질 수밖에 없어 무조건 이기는 투자가 불가능했을 수도 있다. 소액경매투자로 부동산의 본질을 배우고 지속해서 투자를 이어가다 보면 누구나 건축개발업, 즉 디벨로퍼로 성장하여 매년 수억 원의 기대수익을 만들어낼 수 있다.

기술은 한 번만 제대로 배워놓으면 평생 활용할 수 있는 나만의 무기가 된다. 노동력에 의존한 삶이 아닌, 내가 일하고 싶을 때 언제 어디서든 활용할 수 있다는 이야기가 된다. 하지만 무턱대고 건축을 하게 되면 생각지도 못한 변수와 높은 토지매입가로 인해 실패한 투자가 될 수 있다. 그러니 처음은 어렵더라도 천천히 한 걸음씩 돈 주고 사지 못하는 경매 투자의 기술을 키워가면서 최종목적지인 디벨로퍼로 안전하게 도달하면 좋겠다.

요즘 주변에 이런 이야기를 하는 이들이 많다. "도대체 나는 왜 하는 일마다 잘 안 될까?", "나는 왜 성공이라는 기회가 오지 않을까?", "진짜 돈 많이 벌고 싶다. 부자가 되고 싶다" 등의 이야기를 끊임없이 하는 사람이 많은데 이들을 자세히 살펴보면 소름 돋는 사실을 알 수 있다. 그들이 그 어떤 도전도 하지 않으면서 그저 행운만 바라고 있다는 것이다. 더 심각한 것은 본인이 그 사실을 모르고 있다는 것이다. 인풋이 똑같으면 아웃풋 또한 똑같다는 것을 하루빨리 깨달아야 한다. 단기간에 드라마틱한 성공은 없다. 포기하지 않고 지속해서 노력했을 때 비로소 원하는 성공을 만들 수 있다는 것을 꼭 기억했으면 좋겠다.

디벨로퍼 성공,
인천 신축 이야기

적은 자본금으로 건물주가 될 수 있는
경매 물건

―

30분~1시간 정도 줄을 서서 세일하는 상품을 사거나, 혹은 1만 원짜리 경품을 받은 경험을 해보았을 것이다. 그것은 시간을 팔아서 돈을 받는 행위다. 반대로 생각하면 지나간 시간은 절대 되돌릴 수가 없다. 어떤 사람이든 하루 24시간이 공평하게 주어진다. 돈이 많다고 해도 24시간 이상을 가질 수는 없다. 이처럼 공평하게 주어지는 시간을 어떻게 사용하느냐에 따라 빈자와 부자가 결정된다. 시간보다 돈을 소중하게 여긴다면 빈자로 살아갈 확률이 높다.

예를 들어, 주말에 늦잠을 자며 몇 시간씩 TV만 보면서 '월요일이 오지 않았으면 좋겠다'고 생각하는 이들이 있다. 이건 꼭 알아야 한다. 돈보다 시간을 소중히 여기며, 노동 시간을 줄이고, 어떻게 하면

소재지	인천광역시 부평구 십정동				
도로명주소	인천광역시 부평구 백범로				
물건종별	근린시설	사건접수	2020.12.17	경매구분	임의경매
대지권	280.2㎡(84.76평)	소유자	최○○	감정가	1,431,524,840
건물면적	1095.08㎡(331.26평)	채무자	최○○	최저가	(100%)1,431,524,840
배당종기일	2021-03-11	채권자	㈜○○○○○○	보증금	(10%)143,152,484
매각조건	대항력 있는 임차인				

입찰진행내용

구분	입찰기일	최저매각가격	결과
신건	-	-	-

대장옥션을 통한 인천광역시 부평구 십정동 물건의 사건 정보.

자본소득을 만들 수 있는지를 고민하고 노력해야 한다. 피와 땀이 배어 있는 인천광역시 부평구 십정동 소재 꼬마빌딩에 낙찰된 이야기를 해보겠다. 인천광역시 부평구에 자리한 호조건의 근린주택이 경매로 나왔다. 경매 물건은 주거용보다 근생 비율이 높아 경락잔금 대출이 낙찰가액의 80%, 감정가액의 70% 기준으로 실행될 수 있다. 적은 자본금으로도 충분히 건물주가 될 수 있는 경매 물건이다.

토지면적은 84평, 건물면적은 329평이다. 토지는 2종 일반주거지역으로 용적률 최대 250%를 적용받는다. 토지면적 84평에 용적률 250%까지 최대치를 적용하면 210평 정도 건축할 수 있다. 건축물은

100평 정도가 추가로 건축되었다. 다시 말해 지층 면적이 약 64평이며, 제시 외 건물이 38평 정도 추가 건축된 상태다. 지층은 용적률에 적용받지 않아 건물의 가치가 높아진 형태다. 제시 외 건물은 일반 창고로 활용하며, 매각에 포함되어 있어 큰 지장을 주지 않는다. 수익성 부분에서 높은 가치를 지니고 있는 물건이다.

경매 물건은 토지 및 건물을 일괄매각하며, 감정가 14억 3,000만 원부터 출발하는 신건이다. 건축물 현황은 1층 근생 50평, 2층 근생 50평, 3층 주택 48평, 4층 근생 43평, 5층 주택 36평, 지층 64평으로 구성되어 있고, 제시 외 건물 38평이다. 건축물의 사용승인일은 1983년으로 38년 된 노후 건물이다. 이렇게 노후도가 심하면 유지보수 비용이 발생할 수 있어 부분 컨디션을 잘 체크해야 한다.

권리분석을 진행해보자. 건물등기부 및 토지등기부상 최초 설정된 권리는 2008년 근저당이며, 권리는 말소기준권리로 낙찰 후 모든 권리는 소멸한다. 임차인 권리분석도 진행해야 한다. 임대차 현황상 말소기준권리 2008년 10월보다 빠르게 사업자등록하고 전입한 임차인이 있다. 하지만 일부 임차인은 전액 배당을 받았다. 배당신청을 하지 않는 임차인은 설정된 보증금 범위가 1,000만 원 이하로 설정되어 있어 낙찰에 큰 지장을 주지 않는다. 경매 물건의 인프라 및 임대 시세를 체크해야 한다.

물건지 반경 500m 안에 인천 1호선 동암역이 있고, 반대편에 초등학교·중학교·고등학교가 있어 상가 수요는 양호한 편이다.

하방경직성
수요 공급의 법칙에 따라 당연히 내려가야 하는 가격이 어떠한 이유로 내려가지 않는 성질

인천광역시 부평구 십정동
물건의 외관상 모습.

8차선 대로변 코너에 있어 하방경직성이 강한 희소성을 가진다. 임대
시세는 물건지 주변 1층 상가가 42평 월세 250만 원에 나와 있다. 간
략하게 평단가를 산출해보면 임대료 250만 원을 건물 면적 42평으로
나누면 임대료는 평당 약 6만 원이다.

보수적으로 접근하여 평당 4만 원 정도로 전체 임대료를 받는다
고 가정하자. 경매 물건의 건물 면적은 약 329평으로 여기에 4만 원
을 곱해주면 약 1,300만 원의 임대료를 받을 수 있는 물건이다. 통상
꼬마빌딩 매각수익률은 4%대면 환금성 좋게 매도가 가능하다. 약 32
억 원에 매도가 가능할 것으로 보인다.

이 경매 물건은 크게 두 가지의 장점을 보유하고 있다. 첫째는 지
층을 구성하고 있어 더욱 많은 면적을 사용할 수 있으며, 8차선 대도
로와 맞닿아 있는 코너에 자리해 있어 희소성이 높다는 점이다. 둘째
는 저평가된 임대구성이 되어 있어 건물 리모델링을 통해 가치를 상

2층 교회와 옥상 외관상 모습.

승시켜 임대수익을 정상 궤도로 올려놓는다면 매각을 통해 많은 차익을 만들어낼 수 있다는 점이다. 현 경매 최저가 14억 3,000만 원, 예상 매도가 30억 원대를 기대할 수 있어 잠정적인 가치가 뛰어난 부동산으로 보인다. 더는 설명이 필요 없겠다.

다시 정리해서 임장 결과를 확인해보면 1983년에 건축물 사용승인을 받아 신축 후 38년이 지났다. 외관 컨디션은 세월의 폭격을 맞은 듯 노후도를 보여주고 있다. 건물 컨디션은 열악하지만 토지의 본질적인 가치를 보는 데 집중해야 한다. 건물의 입지는 상당한 가치가 있다. 8차선 대도로와 초 근접해 있으며, 거기다 추가 진입로로 이동할 수 있는 코너 자리에 있다. 나무랄 데 없는 입지조건을 가졌다고 할 수 있다.

바로 앞에 버스정류장이 있어 수많은 유동인구를 기대할 수 있는 가치 있는 건물이다. 물건지 반경 500m 안에 동암역이 있으며, 초·

중·고가 모두 있어 풍부한 수요층을 확보할 수 있다. 발굴되지 않는 보석 같은 부동산으로 보인다. 경매 물건의 구조는 지층부터 5개 층이 존재한다. 지층에 용도는 근생이며 현재 교회가 임대차를 구성하고 있다. 1층 근생시설은 총 3개 호실로 나뉘어 있으며, 복권판매점, 아크릴제작 업소, 기계운반업 관련 업소 등이 임대차를 구성하고 있다. 2층 사무실은 현재 교회로 운영되고 있다. 3층부터 5층까지는 주택으로 활용되고 있다.

건물 리모델링을 통해 얻을 수 있는
내적 가치

—

이렇게 인천광역시 부평구에 있는 근린주택 경매 물건을 꼼꼼하게 조사하여 소개했다. 결론적으로 극강의 노후도로 최악의 컨디션을 보여주는 물건이라고 할 수 있다. 하지만 매번 강조했듯이 부동산은 현재의 가치가 아닌 본질적 가치와 건물 리모델링을 통해 얻을 수 있는 내적 가치를 보는 데 집중해야 한다. 이 건축물은 건축된 지 38년이 지났다. 이는 건축법이 최대한 완화되었을 때 신축했기 때문에 용적률을 최대한 채워 건축했다고 봐야 한다. 만약 전부 허물고 신축한다면 현재는 건축법이 강화되어 주차장 확보 때문에 상가에 핵심인 1층 상가 절반 이상이 사라지게 된다. 이런 건축물은 신축이 아닌 내·외관 리모델링을 통해 가치를 높이는 전략을 진행해야 한다.

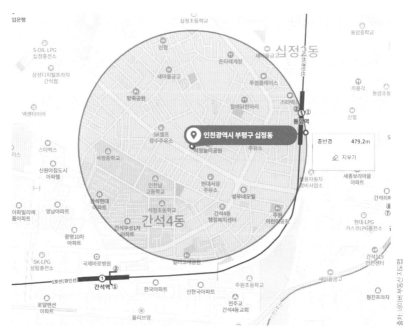

지도상으로 본 부평구 십정동 물건의 위치 정보.

이런 부동산을 낙찰받는다면 전체 호실 명도를 통해 공실을 확보한 다음 리모델링 진행하는 것이 순리다. 내외부 도색, 하자 수선 등을 통해 건물을 새롭게 탈바꿈시켜 새로운 임대차 구성을 진행하면 된다. 그렇게 되면 최소 평당 4만 원 정도에 임대료가 세팅될 수 있다. 경매 물건의 건물 면적은 약 329평이며 평당 4만 원씩 곱해주면 1,300만 원의 임대료를 받을 수 있다.

주변 꼬마빌딩 매각수익률은 3%대이지만, 이 건물의 매각수익률은 4% 이상으로 4%에만 매각하더라도 약 32억 원이라는 미래가치

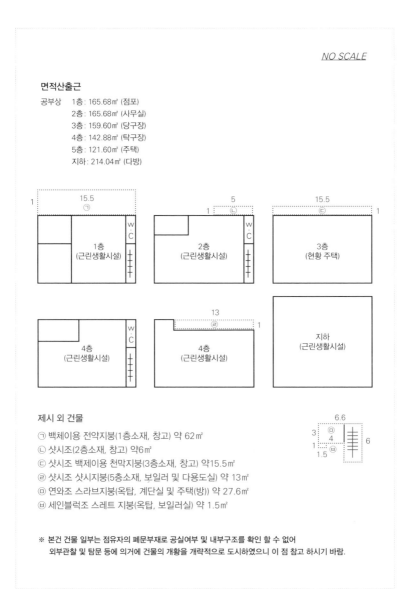

NO SCALE

면적산출근

공부상 1층 : 165.68㎡ (점포)
2층 : 165.68㎡ (사무실)
3층 : 159.60㎡ (당구장)
4층 : 142.88㎡ (탁구장)
5층 : 121.60㎡ (주택)
지하 : 214.04㎡ (다방)

15.5
㉠
1층
(근린생활시설)
W.C

5
㉡
2층
(근린생활시설)
W.C

15.5
㉢
3층
(현황 주택)

4층
(근린생활시설)
W.C

13
㉣
4층
(근린생활시설)

지하
(근린생활시설)

제시 외 건물

㉠ 백제이용 전약지붕(1층소재, 창고) 약 62㎡
㉡ 샷시조(2층소재, 창고) 약 6㎡
㉢ 샷시조 백제이용 천막지붕(3층소재, 창고) 약 15.5㎡
㉣ 샷시조 샷시지붕(5층소재, 보일러 및 다용도실) 약 13㎡
㉤ 연와조 스라브지붕(옥탑, 계단실 및 주택(방)) 약 27.6㎡
㉥ 세인블럭조 스레트 지붕(옥탑, 보일러실) 약 1.5㎡

6.6
3 ㉤
4
1 ㉥
1.5
6

※ 본건 건물 일부는 점유자의 폐문부재로 공실여부 및 내부구조를 확인 할 수 없어
외부관찰 및 탐문 등에 의거에 건물의 개황을 개략적으로 도시하였으니 이 점 참고 하시기 바람.

부평구 십정동 상세구조 및 건물면적 정보

를 얻게 된다. 경매 최저가 14억 3,000만 원에 리모델링 및 임대차 구성 후 매각 가격 32억 원이 성사되면, 차익만 약 17억 원이 발생할 수 있다. 가슴 떨리는 금액이다. 하지만 건물의 채권 금액은 약 5억 원대로 추후 경매취하 가능성이 다소 존재한다.

이 부동산을 처음에 임장했을 당시 심한 노후도를 보였으며 내부는 처참했다. 투자자는 이런 심각한 노후도를 가진 부동산을 오히려 좋아해야 한다. 일반적 투자자는 외적인 상황을 보고 부동산을 저평가하여 입찰에 참여하지 않는다. 따라서 경쟁이 줄어들 수밖에 없다. 그래서 매력적인 부동산이라면 정작 임장할 때는 컨디션이 매우 나쁠수록 좋다.

물건을 선택할 때는 다음과 같은 장점을 상상 면서 생각해야 한다. 첫 번째 장점은 향후 변경될 미래가치다. 경매 물건지 반대편으로 십정 5구역 재개발이 진행 중이다. 총 2,200세대로 초 · 중 · 고를 품고 있는 대단지 아파트가 들어설 예정이다. 현재는 조합설립을 거쳐, 사업 시행 인가까지 완료한 상태다. 호재로 인해 향후 미래가치가 더욱 올라갈 것으로 보인다.

두 번째 장점은 변하지 않는 입지성이다. 동암역과 간석역이 근접해 있어, 교통 편의성을 충분히 가지고 있다. 8차선 대로와 맞닿아 있으며 코너를 잡고 있다. 바로 앞에는 버스정류장이 있어 지속적인 유동인구를 확보할 수 있다.

마지막으로 세 번째 장점은 꽉 채운 건축면적이다. 토지는 2종 일반 주거지역으로 건폐율 60% 용적률 250% 이하를 적용받는 지역이다. 하지만 실제 건축면적은 329평으로 약 100평 정도가 추가 건축되었다. 추가 건축면적을 확보한 것은 지하 64평을 가지고 있기 때문이다. 지층은 용적률에 적용받지 않아 더욱 높은 건축면적을 확보할 수 있던 것이다. 건축법이 비교적 느슨했던 38년 전에 지은 건물이어서 가능했던 것이다.

건물을 낙찰받으면 전체 건물을 리모델링할 예정이다. 현재 열악한 컨디션을 최대한 보완하여 새롭게 재탄생시킬 예정이다. 제시 외건물에 5층만 주택으로 등재된 부분도 근생으로 용도변경하여 전체 근생 시설로 운영할 예정이다.

이렇게 되면 건물 면적 329평을 보수적으로 300평이라고 가정하고 임대료를 계산해보겠다. 주변 임대료 시세 평당 5만 원이지만 3만 원 정도의 보수적 금액으로 접근한다면 최소 1,000만 원 정도의 임대료를 만들어낼 수 있다. 현재 주변 꼬마빌딩 매각수익률은 3%대로 형성되어 있지만 4%대로 여유 있게 접근해 계산해보면 월 1,000만 원씩 연간 임대료가 1억 2,000만 원이다. 여기서 수익률 4%로 나눠주면 약 30억 원에 매도가 가능하다는 사실을 알 수 있다.

입찰가는 얼마를 써야 할까? 이 건물은 현재 너무 낡은 상태다. 그래서 리모델링이나 신축을 예상해야 하는데 이 건물의 경우 신축하면 안 된다. 앞에서 언급했듯이 이전 건축 당시의 법을 적용받아 용적률을 극대화한 상태이기 때문이다. 만약 부수고 신축하면 강화된 건축법으로 인해 건축면적이 많이 축소될 수 있다. 그러니 이 건물의 선택권은 하나밖에 없다. 리모델링이다. 건물 리모델링 범위로는 철거, 구조보강, 도색, 엘리베이터 시공까지 진행할 예정이다.

통상 리모델링 비용의 경우 신축비용의 20% 정도를 투자하게 된다. 예상하는 리모델링 비용은 최대 2억 원 정도다. 입찰가만 정하면 된다. 18억 원 중반대를 작성할 예정이다. 추후 낙찰된다면 2억 원가량의 리모델링 비용을 예상하여 최종 21억 원 정도를 투자할 예정이다. 향후 매도 시 최소 30억 원이 가능해 9억 원 정도 예상수익을 만들 수 있다.

이 물건은 건축물의 컨디션이 매우 열악하여 많은 응찰은 없을 것으로 본다. 외관상으로 부동산을 보면 매력이 없어 보일 수 있다. 신축 및 리모델링을 통해 수익화를 만들어보지 않은 투자자는 현재의 수익만 보는 게 일반적이다. 극강으로 노후한 건물, 임대료도 경매정보지상에 300만 원 정도로 측정되어 있어 매력이 없다고 생각될 것이다. 하지만 리모델링이라는 출구전략을 통하면 물건은 보석 같은 가치를 발휘할 것이다. 어떤 시야를 갖고 어떤 출구전략을 구성하냐에 따라 부동산의 가치는 변한다. 경매 투자자라면 다양한 출구전략을 구성하여 부동산의 본질을 보는 데 집중하길 바란다.

우리는 대부분 앞으로 다가올 노후를 충분히 대비하면서 살지 못한다. 그 이유는 현재를 더욱 중요시하며, 다가올 노후는 애써 부정하며 살고 있기 때문이다. 현재 살고 있는 30~40대 삶이 앞으로 다가올 60~70대 삶보다 더욱 중요한 것처럼 살고 있기 때문이다. 절대 그러면 안 된다. 오히려 30~40대 삶보다 경제적 활동을 활발히 하지 못하는 60~70대 삶을 더욱 중요하게 생각하고 대비해야 한다. 우리는 모두 처음 살고, 처음 늙고, 처음 죽는다.

'어떤 노후를 맞이하겠는가'라는 질문은 '지금 당장 어떻게 살겠는가'와 다르지 않다. 내가 원하는 노년기를 맞기 위해서는 지금부터 준비하고 시작해야 한다. 그 시작을 위해 노동력에만 100% 의존하면 건강한 노년을 만들기 어렵다. 지금부터 작은 종잣돈으로 자본소득을 준비하면서 안정적인 노후를 함께 만들어가야 한다.

디벨로퍼 성공,
서초구 신축 이야기

    부동산 경매를 통해 최종적으로 토지를 매입하여 건축하는 것이 목표인 이들을 위해 서초구 신축 이야기를 해보겠다. 부동산 경매 투자를 하게 된다면 필수적으로 만나는 일이 있다. 구조변경 시 부동산 인테리어, 호가 뒤에 숨겨져 있는 급매가 조사, 부동산 취득 개발의 모든 공정 등이다. 지속해서 투자를 이어가다 보면 결국 종착지는 신축과 개발에 이르게 된다. 부동산 개발자를 디벨로퍼라고 한다. 디벨로퍼란 땅 매입부터 기획, 설계, 마케팅, 사후관리까지 전 공정을 총괄하는 전문가다. 더 쉽게 이야기하면 완제품으로 구성된 제품 부동산을 사는 것이 아니라 개발, 생산, 조립, 유통까지 모든 공정의 프로젝트를 기획하며 분양까지 진행하는 것을 의미한다.

디벨로퍼로
성공하는 방법
—

디벨로퍼로 성공하려면 무엇을 어떻게 해야 할까? 첫 번째, 개발 시작 전 단계에 수요층이 충분히 받쳐주는 토지를 선별하는 일이다. 농사짓는 토지를 예로 들면 비료를 특별히 주지 않아도 농사가 풍년이 될 수 있는 기름진 땅 비옥한 토지를 선별하는 것이다. 개발업을 한다 혹은 디벨로퍼를 한다 하면 누구나 한 번쯤은 도전해보고 싶은 곳이 대한민국 중심지 강남, 서초, 송파의 서울특별시 강남 3구다.

이중 서초구에 그것도 코너 자리에 있는 토지가 경매로 나오게 되었다. 토지가 가진 장·단점을 더 세부적으로 확인해보겠다. 이 물건은 1993년도에 사용 승인된 낡은 건물이다. 현장을 살펴보니 건물이 깔고 앉은 토지가 'ㄱ'자 모양이다. 'ㄱ'자 모양으로 코너 형태의 건물이라 굉장히 매력적이다. '이렇게 28년이나 된 노후주택을 낙찰받아서 어떻게 수익으로 연결할까?', '그게 가능할까?' 이런 의문을 품는 이들이 많을 것이다.

앞서 독산동 노후주택에서 소개한 것처럼 주택에 가치를 부여해서 수익을 연결하지는 않을 것이다. 노후주택을 철거한 다음 토지에 새로운 가치를 부여해서 궁극적으로 투자 수익률을 극대화하는 작업을 할 것이다. 결론적으로 이 부동산의 경우 건물이 매력적인 게 아니라 건물이 깔고 앉아 있는 토지가 굉장히 매력적이라고 볼 수 있다. 우선 물건에 대한 자세한 스펙사항을 전달해보겠다. 물건은 서초구

소재지	서울특별시 서초구 방배동				
도로명주소	서울특별시 서초구 방배천로 6길				
물건종별	근린주택	사건접수	2020.04.24	경매구분	공유물 분할을 위한 경매
대지권	195㎡(58.99평)	소유자	한○○○○○	감정가	3,101,541,700
건물면적	196.94㎡(59.57평)	채무자	한○○○	최저가	(100%)3,101,541,700
배당종기일	2020-07-15	채권자	한○○	보증금	(10%)310,154,170
매각조건	공유물 분할 경매				

입찰진행내용

구분	입찰기일	최저매각가격	결과
신건	2021-05-26	3,101,541,700	매각

매수인: / 입찰인원: 2명 / 2등입찰가: 3,110,000,000원 /
낙찰금액: 3,258,800,000원(105%)

대금지급기한: 2021-07-09 납부(2021.07.08.)

대장옥션을 통한 서울특별시 서초구 방배동 물건의 사건 정보.

방배동에 자리한 토지로 물건 종별은 근린주택이다. 물건의 토지 면적은 58.98평이고 건물 면적은 59.57평이다. 최초 감정가 31억 원이며 유찰되지 않아 감정가 100%부터 출발하는 물건이다.

두 번째, 권리사항과 주변 입지를 봐야 한다. 권리사항은 2020년 강제경매가 말소기준권리로 낙찰 후 인수되는 권리는 없다. 또한, 경매 물건은 공유물 분할에 의한 형식적 경매로서 취하가 되거나 불허되지는 않는다. 물건의 하자는 없으니 주변 입지를 보겠다. 서울 지하철 2호선과 4호선 환승역인 사당역이 반경 약 500m 이내에 위치해 있어 지역 인프라는 좋은 편이다. 또한, 초등학교 근린생활 시설, 공원, 주민센터 등이 근접해 있어 수요층은 충분할 것으로 예상된다. 방배 5구역과 13구역 등 재개발이 빠르게 진행되고 있어 개발 호재성도 굉장히 높다.

세 번째, 주변 시세를 확인해봐야 한다. 주변에 토지면적 52평에 35억 대로 나와 있는 다가구주택이 있다. 이 가격을 토지 평단가로 계산하면 6,700만 원대다. 추가로 경매 물건과 비슷한 스펙의 2번째 물건 또한 토지면적 49평이 33억 원에 나온 매물이다. 이 역시 토지 평단가로 보면 6,600만 원대다. 막 다른 골목길에 있는 외진 곳의 토지라면 평당 5,000만 원대도 볼 수는 있지만, 도로와 맞닿아 있는 토지임을 감안하면 주변 시세 대비 매우 저렴하다고 볼 수 있다.

경매 물건의 토지 면적 59평에 감정가 31억 원이면 토지 평단가는 5,300만 원이다. 6,000만 원대인 주변 시세 대비 평당 700만 원 저렴하다고 볼 수 있다. 인프라는 더 전달할 필요가 없다. 왜냐하면 강남 3구인 강남 · 서초 · 송파 중 서초구에 있으니 인프라가 떨어지거나 수요층이 적거나 하는 등의 걱정은 하지 않아도 된다. 강남3구는 세계에서 임대료가 가장 비싼 TOP10에 올라 있는 곳이다. 이런 핵심 지역에 있는 노후주택이 깔고 앉은 이 토지를 저렴하게 매입한 다음 신축을 통해 수익을 올려야 한다. 그 과정을 소개하면 다음과 같다.

여기서 꿀팁 하나 집고 넘어가겠다. 건물은 총 2개 층으로 나뉘며 1층은 소매점 25.5평, 2층은 주택 22.6평으로 상가면적이 조금 더 많은 비중을 차지하고 있다. 이렇게 상가의 비중이 높은 건물은 주택

서초구 방배동 물건의 외관상 건물 모습.

기준으로 취득세를 부과하지 않고, 보다 유리한 조건인 상가 기준으로 4.6%의 취득세가 부과된다. 또한, 경락잔금대출도 주택이 상가보다 비율이 조금 더 높아 주택으로 간주하지 않고 상가로 간주해 대출은 와일드하게 실행될 수 있다.

근린주택이나 혹은 꼬마빌딩을 입찰할 때 주택과 근생 비율을 정확하게 따져보아야 한다. 물건이 신축을 통해 새로운 가치를 부여할지 가상 시뮬레이션을 가동해본다. 이 지역 일대는 2종 일반주거지역이다. 건폐율 60%에 용적률 200%까지 적용되는 곳이다. 현재 토지는 약 59평이니까 건폐율 60%를 가정한다면 35평 정도의 건축행위를 할 수 있다. 그러면 이 35평의 땅에 얼마나 건물을 올릴 것인지, 얼마나 건축물을 쌓을지는 용적률에 따라 달라진다.

토지면적이 59평이니까 용적률 200%를 가정하면 대략 118평 정도의 건축을 할 수 있다. 층별로 건폐율에 따라 35평 정도로 건축물을 계속 건축할 수 있으니 공용부분, 즉 코어 부분이라고 하는 곳을 대략 5평 정도씩 제외하면 층별로 30평씩 건축행위를 할 수 있다. 10

평씩 3개 호실로 분할할 것인지 혹은 15평씩 2개 호실로 분할할 것인지를 결정해야 한다. 분양수익을 극대화하기 위해서는 최대한 호실 개수를 많이 뽑는 쪽으로 생각하면 좋을 것 같다. 10평씩 3개 호실을 만들고 1층 전체를 필로티로 처리한다고 가정한다면 2층~4층 3개 호실씩 모두 9개 호실을 건축할 수 있다.

5층은 일조권 사선제한 때문에 용적률을 조금 깎아야 하니 1개 호실만 구성하면 총 10개 호실을 만들 수 있다. 분양사무소, 중개사무소 등을 방문해 주변 신축 빌라 가격을 알아보니 최소한 평당 6,000만 원대였다. 총 건축면적 118평 중 넉넉하게 코어 부분을 제외하고 90평 정도만 분양을 진행한다고 가정하자. 주변의 신축 건물 시세가 대략 평당 6,000만 원이니 최저가 5,000만 원으로 분양해 완판한다 해도 9개 방에 각 5,000만 원을 적용하면 총액 45억 원의 수익을 기대할 수 있다. 주차는 4대 정도 할 수 있는 것으로 볼 때 2개 층 정도는 근생으로 배치하면 된다.

최종 수익률은 얼마 정도 예상할 수 있을까? 지출 총계와 수입 금액 전체를 빼주면 되겠다. 지출은 토지매입가를 최저가로 가정할 때 31억 원에 건축비 6억 원을 더하면 된다. 도급으로 철거부터 신축까지 전체적으로 넘겨서 공사를 맡긴다면 평당 건축비 600만 원 정도를 계산하면 된다. 100평을 건축하면 평당 600만 원씩 계산해 총 6억 원이 된다. 그러면 총 토지매입가 31억 원에 건축비 6억 원을 더하면 최종 지출합계는 37억 원이 된다. 최종적으로 분양수익을 45억 원으로 가정한다면 차액은 약 8억 원 정도가 된다.

감정가 대비 최대한 저렴하고 2등 차순위와 최대한 근접한 최종 수익에서 내가 원하는 금액은 얼마인지 그 기준에 따라 입찰가는 변하게 된다. 물건의 자금계획은 근생 비율이 높아 낙찰가의 최소 70% 이상 경락 잔금대출을 받을 수 있다. 신축 시 건축 PF 대출을 받아서 최대한 적은 금액으로 최대 수익을 만드는 데 집중하면 된다. 하지만 최대한 레버리지를 받는다고 해도 대략 10억 원 정도는 본인 투자금이 필요하다. 10억 원의 가치를 놓고 '어떤 투자로 진행해 더 수익을 만들 것인가?'를 기준으로 미래가치 논의를 해봐야 한다.

건물을 철거하고 신축을 통해 이익을 얻는 것이 조금 더 현명하고 합리적인가? 아니면 10억 원이라는 자금을 다른 투자처에서 단기적으로 빠르게 운영하여 더 높은 가치를 만들지는 신중히 판단할 일이다. 투입되는 금액 대비 수익이 그렇게 크지 않고 리스크가 보이면 아마 물건은 최저가에 입찰될 것이고 반대로 가치가 뛰어나다면 입찰가는 우상향할 것이다.

이처럼 부동산 경매를 통해 토지나 건축물을 이기는 매입가로 가져올 수만 있다면 건축 및 개발행위를 하는 디벨로퍼는 절대 실패할 수 없다. 수많은 분양 회사 혹은 디벨로퍼가 무너지는 이유는 따로 있다. 최초 시작점부터 토지매입을 잘못하고 주변 시세에 대한 호가 조사를 잘못해서 분양 가격이 말도 안 되게 높게 책정되면 사업은 성공할 수 없다. 주변의 분양 시세와 호가 시세를 잘못 알고 너무 고가 분양으로 계획을 잡아 설계했다면 판매해도 수익이 발생하지 않거나 오히려 마이너스가 되는 경우가 있다. 이런 디벨로퍼는 시장에서 점차 사라지게 된다. 작은 물건부터 리모델링하거나 구조변경을 통해 단단한 경험을 축적해간다면 부동산 경매 투자는 절대 실패하지 않는 투자가 될 것이다. 완제품을 판매해 적은 수익에 만족하기보다 그 다음 단계로 본인이 직접 생산자가 되어 부동산의 가치를 극대치로 끌어올려 높은 수익을 만들어보자. 부동산 투자자가 가야 할 최종 목적지는 자신의 부동산 지식과 경험을 총동원해 디벨로퍼가 되는 것이다.

입찰 그 이후
성공적인 경매 과정
—

지금까지 전반적인 설명을 했다면 이번에는 입찰과 그 이후에 생생한 경매과정을 전달해본다. 간략하게 물건의 스펙을 한 번 더 정리하면 서초구 방배동에 있고 물건 종별은 근린주택이다. 물건의 토지 면적은 58.98평이며 건물 면적은 59평이다. 토지의 용도는 2종 일반주거지역으로 건폐율 60%, 용적률 200%까지 건축이 가능한 지역이다. 건축물을 110평까지 지을 수 있는데, 현재 경매 물건의 건물 면적은 59평으로 땅을 적절하게 활용하지 못하고 있다.

최초 감정가 31억 원으로 유찰되지 않아 100%부터 출발하는 물건이다. 권리사항은 2020년 강제경매가 말소기준권리로 낙찰 후 인수되어 권리는 없다. 또한, 공유물 분할을 위한 형식적 경매로 취하

되거나 불허되지는 않는다. 이런 물건은 얼마의 입찰가를 예상하면 좋을까? 통상 땅 위에 있는 건물 완제품을 보고 수익률을 선정해서 입찰가를 선정한다. 경매 물건은 현재 2개 층으로 분할되어 있으며 1층은 소매점, 2층은 주택으로 활용하고 있다. 1층을 보면 셔터 3개가 설치되어 있고, 부동산 감정가는 약 31억 원 정도다. 셔터 1개당 1대의 주차가 가능하다.

디벨로퍼라면 현재 '노후주택'인 완제품 부동산을 가지고 수익률을 선정하는 것이 아니라 생산부터 조립하여 새로운 완제품으로 스스로 만들어 판매하는 것까지 예상하고 입찰을 준비해야 한다. 토지에 신축 건물을 올리고 그 건물 안에 얼마만큼의 수익을 측정할 것인지 시뮬레이션을 돌려보고 입찰가를 선정해 보아야 한다. 이 경매 물건은 토지 평수가 약 59평으로 용적률 200%를 적용하면 약 118평의 건축행위를 할 수 있다. 하지만 여기서 코어 부분, 공용 부분, 일조권 사선제한 때문에 건축이 불가한 부분, 주차장을 설치하는 부분, 공용 부분 계단이나 엘리베이터 등을 모두 제외하면 118평 중 90평 정도에 건축행위를 할 수 있다.

서초구 주변 신축 빌라의 평단가는 6,000만 원 선으로 최대한 보수적으로 계산해 평당 5,000만 원으로 분양가를 측정한다면 약 45억 원의 기대수익을 만들 수 있다. 건물을 신축하면 당연히 세금이 부과된다. 세금은 취득세부터 시작되는데 법인은 1주택이라도 취득하면 12%의 취득세가 중과된다. 1억 원 미만의 주택은 중과되지는 않는다. 하지만 법인이 신축으로 부동산을 공급 사용할 목적으로 취득을 하게 되면 취득세 중과대상에서 제외된다. 종부세는 법인에 6% 중과되지만, 신축의 경우 5년간 분양사업을 진행한다는 전제하에 종부세 또한 면제된다. 양도세도 추가로 과세받는 것을 면제받아서 최대한 절세하면서 신축 투자가 가능해진다. 법인이라면 취득세, 종부세, 양도소득세의 모든 부분에서 더 자유롭게 투자의 수익률을 극대화할 수 있다고 보면 좋을 것 같다.

정부의 부동산 정책은 부동산을 자주 구매하고 판매해서 부동산 가격을 계속 올리는 행위에 대해 제재하고 있다. 하지만 신축은 실수요자에게 공급량을 확보해주는 것이므로 세금을 중과하지 않고, 오히려 세제 혜택을 통해 절세 효과를 만들어 주고 있다. 서초구에 있는 주택을 31억 원에 매입하고 100평의 건축비 대략 6억 원 정도를 지급했다면 지출액은 37억 원이다. 그러면 분양수익에 대한 기대수익을 약 45억 원 정도를 잡았으니까 45억 원에서 투자금 37억 원을 빼면 8억 원 정도의 수익을 만들 수 있다.

대략 6개월인 건축 기간의 지가 상승은 전혀 반영하지 않았고, 주변의 현재 시세 평당 6,000만 원에 거래되는 시세를 5,000만 원으로 낮추어 분양한다고 예상하고 기대수익을 만들었으니, 지가 상승과 시세처럼 매도가 진행된다면 10억 원 정도의 기대수익은 만들어낼 수 있다. 이것을 수익률로 선정해보면 수익 8억 원을 최초 투자비용 37억 원으로 나눈 후 분양면적 100평을 곱하면 21%의 수익률로 계산된다.

여기서 레버리지를 통해 21%의 수익률을 90%의 수익률로 변경

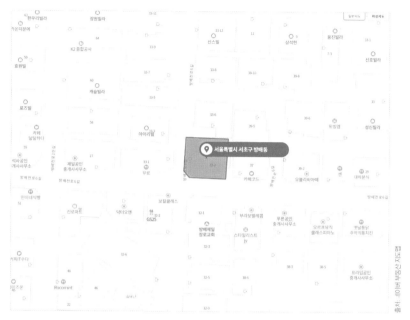

서초구 방배동 물건의 지도상 위치 정보.

하는 마법을 전달해 보겠다. 물건은 주택의 비율보다 근생의 비율이 높아 경락잔금 대출이 와일드하게 실행되었다. PF 대출을 받아서 최대한 투자금을 적게 하고, 레버리지를 통해 수익률을 극대화할 수 있다. 총 투자금 37억 원 중에서 약 30억 원 정도를 레버리지 받아서 운영한다고 보면 된다. 그러면 총 투자 비용 37억 원 중에서 30억 원의 대출 레버리지를 받았으니까 실제 투자금액은 7억 원 정도가 되겠다. 실제 투자금액 7억 원을 투자해서 6억 원의 수익을 만들어내기 때문에 투자 대비 수익은 말도 안 되는 90%에 이르게 된다.

서초구 토지는 재개발에 대한 이슈가 지속해서 터지고 있는 곳이기도 해 그로 인해 분양가 또한 하루가 다르게 올라가는 추세다. 하지만 투자금 약 7억 원 정도가 묶일 수 있기 때문에 이 금액이 다른 투자처에 사용했을 때 예상되는 수익과 현재 나올 수 있는 수익을 대조해 보아야 한다. 예를 들어, 7억 원으로 꼬마빌딩, 토지, 지산, 이런 다양한 투자처를 활용해서 수익률을 더 극대화할 수 있는지 아니면 서초구 토지를 매입해서 향후 기대수익을 더욱더 높게 도모할 것인지를 저울질해 봐야 한다.

다시 입찰에 관해 이야기하면 물건은 제법 입찰가 무게가 있다. 신축이 아닐 경우 다른 출구전략을 모색하기는 어려운 물건이다. 그로 인해 경쟁률은 그렇게 심하지 않을 것으로 보인다. 그리고 신축업을 다양하게 경험해본 이들이나 분양 마케팅을 많이 해본 경험자가 아니면 이 물건은 사실상 도전하기 조금 어렵다. 예상컨대 3명 정도가 입찰에 들어올 것으로 보았다. 최저가에 100~1,000만 원을 더 작성해 보자고 생각하는 응찰자가 1명 정도 있을 것이고, 현재 31억 원인 감정가보다 1억 원 정도는 더 높게 작성하는 응찰자가 있을 것으로 예상했다.

아마 32억 원 중반 정도 금액을 써내면 충분히 물건을 낙찰받을 것으로 보았다. 아울러 이 금액이면 무리하지 않는 선에서 수익을 극대화할 수 있을 것으로 보았다. 실제 입찰 참여자 수는 2명이었다. 예상했던 대로 1등으로 낙찰받았다. 입찰가로는 32억 5,800만 원을 썼다. 2등은 최저가보다 1,000만 원을 더 붙여 31억 1,000만 원에 제출했다. 부동산 경매는 차순위와 대결하는 입찰경쟁이 아니다. 그리고 감정가 대비 무조건 저렴하게 받아야 하는 경쟁이 아니다.

추후 부동산을 매입해서 새로운 가치를 부여하고 전략을 어떻게 잡을 것인지, 그리고 얼마의 수익을 낼 것인지 정확히 판단해야 한다. 수익이 발생할 수 있는 범위에서 입찰가를 선정해야 한다. 이런 부분이 굉장히 중요하다. "지금은 여유시간이 없어" 이런 안 되는 이유만 계속 찾아다니면 결국 실행하지 못하게 된다. 누구나 소액으로 경매 투자를 통해 본인의 자본소득과 월세 수익을 지속적으로 세팅하면서 완제품을 매도하는 데 머무는 것이 아닌 훗날 스스로 직접 생산까지 도모하는 신축 디벨로퍼가 될 수 있다.

3,000만 원 종잣돈으로
누구나 건물주가 되는 가장 현실적인 방법

———

　1,000만 원 소액 경매 투자로 꼬마빌딩 즉 건물주 되는 과정에 대해 현실적인 제안을 해보겠다. "경매 투자를 할 때 NPL 투자를 해야 한다", "선순위 및 유치권 투자를 해야 한다", "지분투자 알박기를 해야 한다" 등 다양한 투자 방향을 제시하는 이들이 많다. 그런 우회적인 투자방법으로 처음부터 부동산 투자를 시작한다면 편중된 투자밖에 할 수 없게 된다. 그런 특수물건만 찾아다니게 되고 그렇게 찾은 물건은 특수성 때문에 부동산의 가치를 보는 데 집중하지 못하게 된다. 결론적으로 나무만 보고 나무 뒤에 있는 숲을 보지 못하게 된다. 그렇게 되면 부동산 투자는 중·장기적으로 실패하게 된다. 부동산의 잠정적인 가치를 보는 데 집중하지 않고, 특수한 권리를 푸는 데 집중했기 때문이다.

　가치가 뛰어난 부동산을 찾는 것이 우선적으로 염두에 두어야 할 포인트다. 이후 부동산에 특수 권리가 있다면 그때 돌파구를 찾으면 된다. 하지만 반대인 경우가 많다. 부동산 경매 투자는 1년에 한두 번 하고 끝내는 것이 아니다. 죽을 때까지 서브 직업으로 활용 가능하므로 당장 실행 가능한 물건을 찾고 실행해가면서 결과를 만들어 가야 한다.

적은 종잣돈을 눈사람처럼 부피를 키우고 다음 미션으로 넘어가야 한다. 이제 막 30대가 된 철수라는 인물로 예를 들어보자. 철수에게는 3개월 뒤 만기 예정인 종잣돈 3,000만 원이 있다. 이 돈으로 무엇을 할까? 고민 중에 SNS를 보다가 친구 중 대기업에 입사한 친구가 제네시스 G70 차를 산 것을 보고 철수도 적금 만기 시 동일 모델의 차를 구입할 생각을 한다.

그러던 어느 날 유튜브에서 대상TV 소액경매 녕상을 보고 생각이 180도 바뀌었다. 부동산 경매는 들어봤지만, 누구나 할 수 있고 소액으로도 소유할 수 있는 부동산이 있다는 사실에 가슴이 뛰기 시작한다. 철수는 자신이 살아온 우물 속이 세상 전부가 아니라는 것을 알게 된다. 그때부터 적금 만기 시 당장 소유할 수 있는 부동산을 찾아보면서 모의 스터디를 시작했다. 낙찰가 최대 1억 원인 사무실, 창고, 오피스텔, 상가, 토지, 건물, 비규제 지역에 주택 등 모든 물건을 검색한다.

그리고 당장 입찰하지는 않지만, 적금 만기 때 입찰할 동일 스펙의 부동산에 임장도 가보고, 입찰가도 선정해보고 법원을 방문하여 모의 입찰을 해보기 시작했다. 입찰이 진행되는 모든 과정을 간접 체험하면서 경매 투자 지식을 쌓아갔다. 그러던 어느 날 계획관리 지역에 있는 창고를 보게 된다. 주변에 산업단지가 밀집해 있고 6m 도로와 접해 있어, 향후 지기 상승을 기대할 수 있는 물건이다. 감정가는 1억 4,000만 원이고, 1회 유찰되어 9,800만 원 최저가로 시작하는 물건이었다. 하지만 이 물건에는 두 가지 문제가 있었는데 1,000만 원 유치권을 갖고 있었고 명도 및 공실에 대한 리스크가 있었다.

문제 해결을 위해 임장을 다녀왔다. 임차인은 유치권을 주장하고 있었지만 임차인 본인도 유치권을 증명할 수 없다는 것을 알고 있었다. 또한, 임차인은 창고를 지속해서 사용하고 싶다는 의사 표현을 했고, 따라서 공실에 대한 리스크도 없애고 돌아왔다. 명도비용, 중개수수료, 수리 및 유지비용이 전부 절감되는 형태였다. 이후 철수는 적금 만기로 확보한 종잣돈 3,000만 원을 가지고 그 창고를 1억 원에 낙찰받았다. 경락대출 90%를 받아 실투자금은 1,000만 원에 그쳤다. 이것마저 임대차계약, 즉 보증금 1,000만 원에 월세 70만 원 계약을 성사시켜 무피투자가 가능해졌다. 매월 대출이자를 제외하고도 50만 원 이상의 임대수익을 만들게 되었다.

이런 방식으로 2년 동안 토지, 근린시설, 상가, 오피스텔, 주택 등 4건 이상에 물건을 투자한 결과 종잣돈 3,000만 원이 1억 원으로 불어났고, 200만 원 이상이라는 임대수입으로 매월 현금흐름을 만들었다. 추가로 수도권에 감정가 6억 원짜리 꼬마빌딩을 4억 5,000만 원대로 낙찰받아 현재는 건물주가 되었다.

철수는 대장TV에서 함께 공부한 실재 수강생으로 30대에 3,000만 원 종잣돈을 가

무피투자
자기자본 없이 하는 투자

지고 경매투자를 시작해 2년 만에 토지의 온전한 가치를 사용할 수 있는 꼬마빌딩 건물주가 되었다. 그가 적금 만기로 확보한 종잣돈 3,000만 원을 가지고 자동차를 샀으면 어떻게 되었을까? 2년 전과 다르지 않은 오늘을 살고 있을지도 모른다.

지금도 철수가 했던 창고, 상가, 주택, 오피스텔 등 수없이 많은 물건이 경매시장으로 쏟아지고 있으며, 준비된 자들은 그것을 토대로 경제적 자유를 누릴 준비를 하고 있다. 건물주는 태어날 때부터 정해져 있는 것이 아니다. 누구나 2년 내지 3년 안에 그 꿈을 이룰 수 있다. '그래도 그렇지 종잣돈으로 해봤자 뭐 얼마나 벌겠어?', '그때는 운이 좋아서 그랬겠지', '난 회사 때문에 시간이 없어' 이런 식으로 회피하면서 실행하지 않으려고 한다. 변명 중에도 가장 어리석고, 못난 변명은 '시간이 없어서…'라고 한다.

도저히 엄두가 안 나고 하고는 싶은데 감이 안 잡혀 곤란하다 해도 과감하게 그 속으로 뛰어들어 가보자. 그러면 불가능이라고 생각했던 모든 것이 가능해진다. 우리는 꿈꿀 수 있고, 실행할 수 있는 힘을 가졌다. 그 꿈을 계속 간직하면서 조금씩 실행한다면 그것은 꿈이 아니라 현실이 된다. 노력하는 자라면 언제든 옆에서 뛰며 도울 것이다. 함께 그 꿈을 위해 달려가 보자.

부동산 경매로 1년 만에 꼬마빌딩주 되다

초판 1쇄 2022년 9월 19일
초판 4쇄 2023년 11월 15일

지은이 김상준
펴낸이 최경선
편집장 유승현   **편집2팀장** 정혜재

책임편집 정혜재
마케팅 김성현 한동우 구민지
경영지원 김민화 오나리
디자인 김보현 김신아

펴낸곳 매경출판㈜
등록 2003년 4월 24일(No. 2-3759)
주소 (04557) 서울시 중구 충무로 2 (필동1가) 매일경제 별관 2층 매경출판㈜
홈페이지 www.mkpublish.com   **스마트스토어** smartstore.naver.com/mkpublish
페이스북 @maekyungpublishing   **인스타그램** @mkpublishing
전화 02)2000-2641(기획편집) 02)2000-2646(마케팅) 02)2000-2606(구입 문의)
팩스 02)2000-2609   **이메일** publish@mkpublish.co.kr
인쇄 · 제본 ㈜M-print 031)8071-0961
ISBN 979-11-6484-459-3(03320)